우리가 꼭 알아야 할 정치 이야기

정.알.못 어린이를 위한

우리가 꼭 알아야 할
정치 이야기

지은이 신재일 | **그린이** 오승만
펴낸이 정규도 | **펴낸곳** ㈜다락원

초판 1쇄 발행 2025년 12월 15일

편집장 최운선
편집 임유리
디자인 지완

🏠 **다락원** 경기도 파주시 문발로 211
내용문의 (02)736-2031 내선 273
구입문의 (02)736-2031 내선 250~252
Fax (02)732-2037

출판등록 1977년 9월 16일 제406-2008-000007호

Copyright ⓒ 2025, 신재일

저자 및 출판사의 허락 없이 이 책의 일부 또는 전부를 무단 복제·전재·발췌할 수 없습니다. 구입 후 철회는 회사 내규에 부합하는 경우에 가능하므로 구입문의처에 문의하시기 바랍니다. 분실·파손 등에 따른 소비자 피해에 대해서는 공정거래위원회에서 고시한 소비자 분쟁 해결 기준에 따라 보상 가능합니다. 잘못된 책은 바꿔 드립니다.

ISBN 978-89-277-4826-7(73340)

http://www.darakwon.co.kr
다락원 홈페이지를 통해 인터넷 주문을 하시면 자세한 정보와 함께 다양한 혜택을 받으실 수 있습니다.

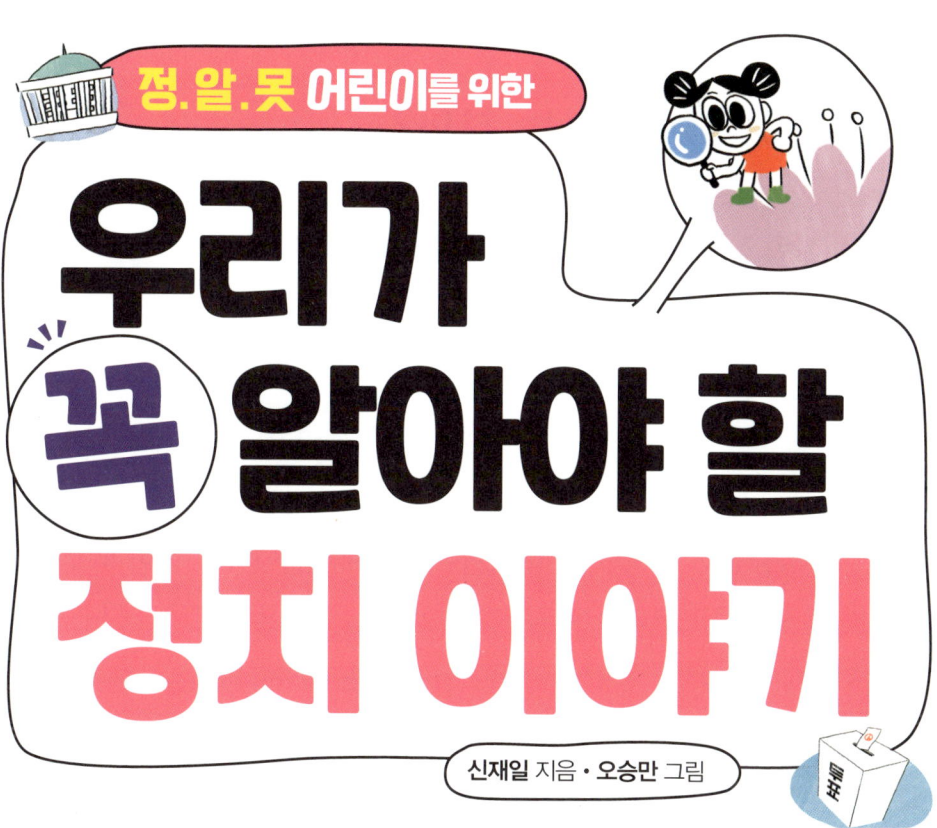

정.알.못 어린이를 위한

우리가 꼭 알아야 할 정치 이야기

신재일 지음 · 오승만 그림

다락원

여는 글

정치는 어른들만 하는 걸까?

안녕! 반가워요. 지금부터 정치 이야기를 하려고 해요.

 "정치라고요? 정치는 어른들이 하는 거 아닌가요? 초등학생한테 정치 이야기가 왜 필요해요?"

 이렇게 질문하는 친구가 있을지도 모르겠어요. 인간은 세상에 태어나 살아가면서 수많은 사람을 만나게 돼요. 한 사람이 사는 동안 알고 지내는 사람은 평균 3,500여 명 정도 된다는 연구 결과가 있답니다. 사람이 두 명 이상 모이면 사회라고 불러요. 가정, 학교, 회사, 친구 모임, 국가……. 이 모든 게 사회예요. 사회에는 정해진 규칙이 있고 우리는 그 규칙을 잘 지켜야 해요.

 이런 규칙은 누가 정할까요? 규칙이 정해져 있다고 무조건 따라야 할까요? 사람마다 생각이 다르기 때문에 하나의 규칙에도 찬성과 반대가 있을 수 있어요. 의견 충돌이 심하면 큰 다툼이 일어나기도 하고요. ==사회의 규칙을 정하고 그 규칙에 따라 사회를 이끌어 가는 것 그리고 구성원 사이에 다툼이 일어났을 때 원만하게 해결하는 것, 이게 바로 정치랍니다!== 여러분이 가족과 함께 집안일을 나누어서 하고, 친구들과 규칙을 정하는 것도 정치라고 할 수 있어요. 그리고 매일매일 만나는 사람들과 어쩔 수 없이 생기는 갈등, 그러니까 가족과 친구, 선생님과의 관계에서 생기는 갈등을 원만히 해결하려면 정치가 필요해요. 그래서 초등학생들도 정치를 올바르게 알고 있어야 해요.

정치는 행복한 세상을 만들기 위해 꼭 필요해요.

　누구에게나 꿈이 있어요. 여러분의 꿈은 뭔가요? 유튜버, 프로게이머, 프로파일러, 의사, 변호사, 운동선수 등 '직업으로서의 꿈'도 있을 테고, 돈을 많이 벌고 싶다, 유명해지고 싶다, 세계 일주를 하고 싶다는 '인생의 목표'를 떠올리는 친구도 있을 거예요.

　어떤 꿈이든지 그 꿈이 이루어질 때 우리는 행복해져요. 그래서 행복을 위해 살아간다고 할 수 있어요. 행복해지기 위해서는 어떤 조건이 필요할까요? 사람들에게 행복의 조건을 물어보면, "건강해야 해요", "경제적으로 안정이 필요해요", "인간관계가 좋아야 해요" 등과 같이 대답해요. 그런데 행복의 조건은 개인의 노력만으로 이루어 내기가 쉽지 않아요. 행복해질 수 있는 환경이 뒷받침되어야 하거든요. 물이나 공기가 오염된 곳에 산다면 건강한 삶을 살아가기 쉽지 않은 것처럼 말이에요. 그렇다면 행복의 조건을 만들고 지켜나가기 위해 정치는 어떤 역할을 할 수 있을까요?

　이 책에서 선생님은 정치가 무엇인지, 왜 중요한지, 정치에 어떻게 참여할 수 있는지 찬찬히 설명할 거예요. 그중에는 교과서에 나오는 이야기도 있고 새로운 이야기도 있어요. 다양한 이야기를 통해 여러분이 생각의 폭을 넓히고, 정치가 우리의 생활과 밀접하다는 사실을 깨달으면 좋겠어요. 일상생활에서 정치와 관련된 에피소드를 보며 정치가 나와 상관없는 어른들의 문제라는 편견을 깨뜨리고 정치에 흥미를 느낀다면 더할 나위 없이 좋을 것 같아요!

　자, 그럼 함께 떠날 준비 되었나요?

차례

여는 글 … 4

들어가며 : 정치는 왜 이렇게 시끄러울까? … 8

제1장 생활 속의 정치

1. 우리 집에도 정치가 있어 … 20
2. 반장 선거, 이게 바로 정치야! … 28
3. 마을 축제를 준비해요 - 풀뿌리 민주주의 … 36

제2장 정치는 왜 필요할까?

4. 갈등과 다툼, 어떻게 해결하지? … 46
5. 다 함께 행복해지는 방법 - 민주주의 … 54
6. 평등이 뭐예요? … 62
7. 인간의 본성과 정치 - 성선설 vs 성악설 … 70

제3장 국가와 정치

- ⑧ 나라의 주인은 누구일까? … 80
- ⑨ 국민의 권리와 의무 … 88
- ⑩ 민주주의 국가의 기초, 삼권 분립 … 96
- ⑪ 선거의 달인 되기 … 102

제4장 정치 참여, 어떻게 하지?

- ⑫ 정당이 뭐예요? … 112
- ⑬ 시민 단체는 무얼 하나요? … 118
- ⑭ SNS로 하는 정치 참여 … 126

제5장 세계 속의 정치

- ⑮ 인간은 왜 싸울까? - 전쟁과 평화 … 136
- ⑯ 난민 친구를 도와줘요 … 144
- ⑰ 지구를 위기에서 구하라! - 환경 정치 … 152
- ⑱ 유엔은 무엇을 하나요? … 158

나가며 : 우리가 꿈꾸는 미래 정치 … 166

들어가며

어른들은 정치 이야기를 참 많이 해요. 국회에서 정치인들이 시끄럽게 싸우는 모습도 뉴스에 자주 나오고, 인터넷에 올라온 정치 뉴스를 두고 찬성과 반대로 의견이 자주 갈리기도 해서 과연 누구 말이 옳은지 헷갈릴 때도 있어요. 정치가 도대체 뭐길래 이렇게 시끄러운 걸까요?

정치가 무엇인지 살펴보기 전에 한 가지 짚고 넘어가야 할 게 있어요. 바로, 정치라는 단어를 두고 사람들마다 떠올리는 이미지가 제각각이라는 사실이에요. 예를 들어, 두 사람이 눈가리개로 눈을 가린 채 코끼리를 만지는 장면을 떠올려 보세요. 코끼리에 대해 알고 있는 사람과 코끼리가 어떤 동물인지 전혀 모르는 사람이 떠올리는 모습은 무척 다를 거예요. 코끼리에 대해 알고 있는 친구라면, 눈을 가리고 코끼리를 더듬었을 때 만진 부분이 코끼리의 어느 부분인지 대략 짐작할 수 있을 거예요. 그런데 태어날 때부터 눈이 보이지 않는 친구라면, 코끼리를 본 적이 없어서 손에 닿는 감촉만으로 코끼리를 알아차리기는 쉽지 않겠지요. 이렇게 **코끼리 만지기**에는 사

람들이 같은 대상이나 현상을 보더라도 각자의 경험과 지식, 관점에 따라 다르게 받아들이고 이해한다는 뜻이 담겨 있어요.

　우리는 세상을 경험하며 배워나가요. 매일매일 보고, 듣고, 느끼는 것이 차곡차곡 모여 자신만의 독특한 관점과 시각을 이루지요. 그런데 자신이 알고 있는 한 가지 사실만으로 마치 코끼리를 다 안다고 착각한다면? 자신이 경험한 것, 자신이 알고 있는 것이 절대적인 진리라고 박박 우긴다면? 싸움이 일어날 수도 있어요. 자신의 기준에 맞을 때만 받아들이고 맞지 않을 때는 배척한다면 대립과 갈등이 끊이지 않을지도 몰라요. 그래서 자신만의 생각 속에 갇혀 나만 옳다며 우기는 것은 아닌지, 스스로 아는 게 많다고 생각해 그것만 내세우는 것은 아닌지, 나의 기준으로 세상을 바라보면서 자기중심적으로 살고 있는 것은 아닌지 생각해 봐야 해요.

　사람들 사이에 의견 충돌이 생겼을 때는 어떻게 하면 좋을까요? 먼저, 상대방이 무슨 생각으로 그런 주장을 하는지 이해해 보려고 노력하는 게 중요해요. 세상에는 정말 다양한 사람들이 살아가고 있어요. 생김새도 다르고, 생각도 다르지요. 다양성을 존중해 줄 때 이 세상은 더 살기 좋은 곳이 될 거예요. 물론 보편적인 기준은 필요해요. 선생님은 그 기준을 **인권**과 **민주주의**라고 생각해요. 정치란 인간의 행복을 위해 필요한데, 인권과 민주주의가 보장받는 사회야말로 행복한 사회라고 생각하기 때문이지요. 하지만 어떤 사람들은 '질서'가 더 중요하다고 말하기도 해요. 여기에 정해진 답은 없어요. 상대방의 이야기를 귀담아듣고, 어느 쪽이 더 중요한지 곰곰이 생각해 보고 판단하려는 신중한 태도가 우선이랍니다. 그러다 보면 좀 더 나은 답을 찾을 수 있을 것이고요.

한 가지 예시를 같이 볼까요?

채은이가 사는 동네에 청소년 문화 센터를 짓기로 했어요. 그래서 주민 자치센터에서 공개회의가 열렸어요. 청소년 문화 센터에 대한 설명이 끝나자, 주민들의 의견은 두 가지로 나뉘었어요. 청소년이 사용할 수 있는 공간이 부족했는데 잘됐다는 의견과 청소년 문화 센터보다는 노인들의 공간이 더 필요하다는 의견이 나왔어요.

처음에는 서로 의견을 차분히 나누었는데, 점점 큰 소리로 자기주장만 반복해서 시끄러워지기 시작하더니 결국 어떤 사람은 화를 내며 고함을 지르기도 하고, 몇몇은 자리를 박차고 나가기도 했어요.

그때, 구청장님이 마이크를 잡고 말했어요.

 잠깐만요! 우리 모두 이 동네를 더 좋게 만들고 싶은 마음은 같습니다. 서로의 입장을 이해하면서 차분히 들어 봅시다.

구청장님의 말에 주민들은 조금씩 진정되기 시작했어요. 이때 누군가 이렇게 제안했어요.

"청소년 문화 센터와 노인 복지관을 함께 짓는 건 어떨까요? 그러면 서로 교류할 수 있고, 세대 차이도 줄어들 것 같아요."

"맞아요. 청소년들이 어르신들께 스마트폰 사용법을 알려드리고, 어르신들은 청소년들에게 전통놀이를 가르쳐 주는 프로그램도 만들 수 있겠네요."

점점 더 많은 주민들이 의견을 냈고, 서로의 말에 귀 기울이기 시작했어요. 그렇게 긴 토론 끝에 합의점을 찾았어요. 바로 '세대 통합 문화 센터'를 짓기로 한 거예요. 1층은 노인 복지 시설, 2층은 청소년 문화 공간, 3층은 세대 간 교류 프로그램을 운영하는 공간으로 꾸미기로 했어요. 채은이는 처음엔 살짝 무서웠지만, 시간이 흐르며 더 나은 방향으로 의견을 모으는 과정이 신기했어요.

어른들도 처음에는 아웅다웅 다투지만 대화를 통해 더 좋은 방법을 찾아가는구나!

선생님, 알려 주세요!

　채은이네 동네 사람들은 갈등의 소지가 있는 문제를 현명하게 잘 해결했네요! 한쪽이 일방적으로 결정하지 않고 여러 목소리를 귀담아들으며 문제를 해결해 나가는 과정이 멋집니다. 이것이 바로 바람직한 민주주의 정치의 모습이에요.

　정치는 때로 시끄러워 보일 수 있어요. 각자의 의견을 드러내는 과정에서 목소리가 커지기도 하고 의견 충돌이 일어나기도 하기 때문이에요. 하지만 의견을 주고받는 과정은 매우 중요해요. 이 과정에서 다양한 의견을 들을 수 있고, 더 나은 해결책을 찾아갈 수 있지요. 물론 모든 사람이 100% 만족하는 결과를 얻기는 어려울 수 있어요. 그래도 차분하게 대화하고 토론하는 과정을 거치면 대다수가 받아들일 수 있는 좋은 결정을 내릴 수 있답니다.

　==정치에서 가장 중요한 게 뭘까요? 그것은 바로 서로를 존중하는 마음이에요.== 단순히 큰 소리를 내는 게 아니라, 상대방의 입장을 이해하기 위해 노력하고 진심으로 대화를 나누는 게 중요해요. 그리고 최대한 많은 사람이 만족할 수 있는 방법을 찾아 가는 것, 이게 바로 정치의 핵심이에요.

　정치는 우리 모두의 생활과 밀접하게 연결되어 있어요. 우리가 살기 좋은 세상을 만들어 가는 과정이 정치이기 때문이에요. 정치를 통해 우리는 더 나은 사회를 가꾸어 갈 수 있어요. 채은이가 경험한 것처럼 우리 모두가 적극적으로 참여하고, 서로의 의견을 존중하며 대화한다면 어떤 어려운 문제도 슬기롭게 해결할 수 있을 거예요!

 **기억해요, 한 줄 정치 이야기!**

정치는 구성원의 의견을 모아 더 나은 결정을 만들어 가는 과정이에요.

그런데 우리가 흔히 말하는 '정치'라는 말에는 두 가지 뉘앙스가 담겨 있어요.

좁은 의미로 보면, 국회의원이 국민을 위해 법을 만들고, 대통령이나 장관처럼 정부의 높은 자리에 있는 사람들이 국가의 중요한 일을 맡아 처리하고, 정치에 관심 있는 사람들이 정당에 들어가 활동하는 것을 정치라고 할 수 있어요. 많은 사람이 정치라고 하면 바로 이런 것을 떠올리지요. 다시 말해, 정치는 국가와 관련이 있답니다.

넓은 의미로 보면, 정치는 사회 질서를 유지하고 갈등을 푸는 모든 행동을 말해요. 다시 말해, 의견의 차이를 좁혀 바람직한 해결 방법을 찾아내는 일이라고 할 수 있어요. 의견의 차이를 좁히려면 대화와 타협이 필요해요.

이 책에서는 정치를 넓은 의미로 살펴볼 거예요. 물론, 좁은 의미의 정치, 그러니까 행정부, 입법부, 사법부의 역할도 알아볼 거고요. 이 부분에 대해서는 헷갈리지 않도록 자주 상기시켜 줄게요!

정치권

텔레비전 뉴스를 보면 그날 매우 커다란 사건·사고가 발생하지 않은 이상, 대부분 '정치권' 뉴스로 시작하는 경우가 많아요. 이때 정치권 뉴스를 가만히 보면, 국회에서 일어난 일이나 정부에서 발표한 정책 등이 자주 들릴 거예요. 그러니 '정치권'이라는 표현은 정치의 좁은 의미랍니다.

1. 선거법 개정

 2019년, 우리나라 국회에서 선거법을 바꾸는 문제를 두고 여러 날 동안 격렬하게 토론을 벌였어요. 그 결과, 새로운 선거법이 탄생했어요.

 첫째, 선거 연령을 19살에서 18살로 낮췄어요. 둘째, 비례 대표를 뽑는 방식을 바꿨어요. 정당이 받은 표의 비율에 따라 비례 대표를 정하되, 지역구에서 당선된 사람의 수도 고려하게 됐지요. 셋째, 지역구 후보를 내지 않은 정당은 비례 대표 후보도 낼 수 없게 됐어요.

 이렇게 선거법이 바뀐 이유는 뭘까요? 젊은 사람들이 정치에 더 많이 참여하고, 작은 정당들도 의견을 낼 수 있는 기회를 주기 위해서였어요. 이 사례는 정치에서 의견 충돌이 있더라도 끊임없는 대화와 타협을 통해 결국 합의점을 찾을 수 있다는 것을 보여 줘요. 비록 과정은 시끄럽고 복잡했지만, 결국 더 나은 제도를 만들어 내기 위한 노력이었어요. 이렇게 정치는 우리 사회를 조금씩 발전시켜 나가는 힘이 돼요.

2. 대통령 탄핵

2016년에는 '대통령 탄핵❶'이라는 역사적인 사건이 있었어요. 당시 대통령이 크게 잘못한 일이 있다고 생각한 시민들이 광화문 광장에 모여 촛불 집회를 열었어요. 많을 때는 100만 명이 넘는 사람이 참여했어요. 국회에서는 대통령을 탄핵하자고 논의했고, 2016년 12월 9일에 찬성 234표, 반대 56표로 탄핵소추안이 통과되었어요. 그렇게 헌법재판소에서 탄핵을 할 것인지에 대한 재판이 시작되었고, 2017년 3월 10일에 헌법재판관 8명의 전원 일치로 대통령 파면이 결정되었어요.

그로부터 얼마 지나지 않은 2025년에 또 한 번 대통령이 자리에서 물러나는 일이 있었어요. 2024년 12월 3일, 대통령이 비상계엄을 선포했어요. 비상계엄이란, 나라에 아주 큰 일이 났을 때만 정해진 절차에 따라 대통령이 내리는 특별한 명령이에요. 하지만 비상계엄을 선포한 이유도, 그 방법에도 모두 문제가 있었어요. 그래서 국회가 대통령 탄핵소추안을 통과시켰고 헌법재판소가 대통령이 헌법을 어겼다고 결정해서 대통령은 자리에서 물러나야 했어요. 이처럼 우리나라는 잘못이 있으면 누구라도 책임진다는 것을 다시 한번 보여 주었어요.

이 두 사례로 우리는 시민들의 평화로운 시위, 국회의 논의와 투표, 헌법재판소의 판단이라는 민주주의의 절차가 어떻게 작동하는지 알 수 있었어요. 그리고 우리 사회가 더 좋은 방향으로 가기 위해 어떤 노력을 하는지 알 수 있었답니다.

---

❶ 국회가 대통령이나 고위 공식자의 잘못을 조사해 그 책임을 묻는 것.

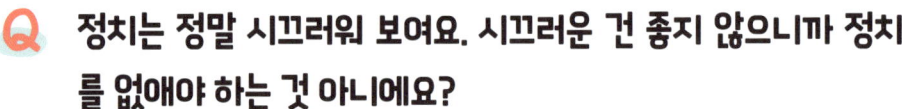

Q 정치는 정말 시끄러워 보여요. 시끄러운 건 좋지 않으니까 정치를 없애야 하는 것 아니에요?

A 날카로운 질문이네요! 하지만 정치가 시끄럽다고 해서 없애야 한다는 생각은 너무 성급한 판단일 수 있어요. 이와 관련해서 재미있는 이야기 두 가지를 들려줄게요.

옛날에 시끄러운 나라와 조용한 나라가 있었어요. 시끄러운 나라는 싸우기도 하고 화해하기도 하면서 나라의 문제를 해결해 나갔어요. 반면, 조용한 나라에서는 임금님 혼자 모든 일을 결정했어요. 그래서 겉으로 보기에는 평화로워 보였지요. 어느 날 두 나라에 큰 가뭄이 들었어요. 시끄러운 나라에서는 열띤 토론 끝에 우물을 파기로 하고, 모두가 힘을 모아 물을 찾아냈어요. 하지만 조용한 나라에서는 임금님이 곧 비가 올 거라고 말했기 때문에 누구도 행동하지 않았고, 결국 많은 사람들이 가뭄의 고통을 겪어야 했어요.

다음은 여러분이 잘 아는 이솝우화, '벌거벗은 임금님' 이야기예요. 임금님이 벌거벗고 있는데도 아무도 진실을 말하지 못하다가, 결국 어린아이가 "임금님은 벌거숭이다!"라고 외쳐서 임금님이 진실을 알게 된다는 이야기지요. 진실을 말하는 게 얼마나 중요한지, 침묵이 얼마나 위험한지 잘 알 수 있어요.

이 두 이야기는 우리에게 중요한 교훈을 알려 줘요. 정치가 시끄럽게 느껴질 때도 있지만, 아무 말도 하지 못하고 지내는 것보다 차라리 시끄러운 게 더 좋을 수도 있어요. 많은 사람의 다양한 의견을 듣고 반영할 수 있기 때문이지요. 독재 국가에서는 한 사람 또는 소수가 정책의 대부분을 결정해요. 그래서 겉으로 보기에는 무척 조용하고 안정되어 보일지 모르지만 진정한 의미의 평화는 될 수 없어요.

　민주주의 국가에서는 누구나 자유롭게 자신의 의견을 공개적으로 말할 수 있어요. 하지만 자신의 의견을 자유롭게 말하면서도 다른 사람의 의견을 귀 기울여 듣는 자세가 필요해요. 그래야 정치가 제대로 이뤄질 수 있답니다. 대화와 토론을 하다 보면, 처음에는 의견이 달랐던 사람들도 서로를 이해하고 타협점을 찾아갈 수 있어요. 이것이 바로 건강한 정치예요.

❶ 우리 집에도 정치가 있어

❷ 반장 선거, 이게 바로 정치야!

❸ 마을 축제를 준비해요
　- 풀뿌리 민주주의

1장
생활 속의 정치

 우리 집에도 정치가 있어

민현이네 가족은 여름방학을 맞이해서 여행 계획을 세우기로 했어요. 그래서 각자 가고 싶은 곳에 대해 같이 이야기를 나눠 보기로 했어요.

엄마

올여름에는 정말 오랜만에 해외여행을 가 보는 게 어떨까? 다른 나라의 문화도 체험하고 멋진 추억도 만들 수 있을 것 같은데!

해외여행은 돈이 너무 많이 드니까 캠핑을 가는 건 어때? 자연 속에서 쉬면서 가족 간의 단합도 높일 수 있잖아.

아빠

민현

저는 워터파크에 가고 싶어요! 물놀이도 하고 놀이기구도 타면서 하루 종일 신나게 놀 수 있잖아요.

다들 생각이 다르네. 어떻게 하는 게 좋을까?
엄마

아빠
내 생각대로 캠핑이 가장 좋을 것 같은데…….

서로의 의견이 잘 맞지 않자, 민현이는 짜증을 내기 시작했어요.
"어른들은 맨날 자기 마음대로예요. 난 워터파크 아니면 안 갈 거야!"
그러자 엄마도 화를 내었어요.
"그렇게 고집부리면 아무 데도 못 가!"
이렇게 이야기를 나누던 세 사람은 결국 서로 등을 돌리고 말았어요. 민현이네 부모님은 여행 계획을 세우려다 오히려 가족 사이가 멀어지게 되는 것은 아닐지 걱정스러웠어요. 민현이도 투정은 부렸지만 내심 부모님에게 미안했지요.

 각자 가고 싶은 여행지가 다른 세 가족,
여행지를 어떻게 정하면 좋을까요?

1 생활 속의 정치

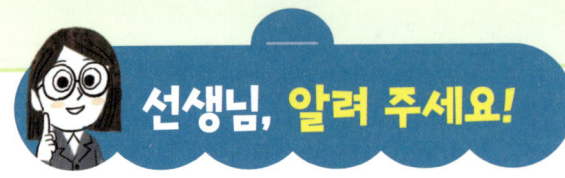

올해는 엄마의 의견대로 해외여행을 가고, 내년에는 민현이가 원하는 대로 워터파크에서 하루 종일 신나게 보내고, 내후년에는 아빠의 의견대로 캠핑을 하는 것도 한 가지 방법일 수 있겠어요. 중요한 것은, 어떤 방법을 택하든 가족들이 모두 만족할 수 있는 방법을 다 같이 찾아내는 일이에요.

이렇게 서로의 의견을 존중하며 타협하고 함께 결정을 내리는 과정이 바로 '가족 정치'예요. 진정한 의미의 가족 정치는 모든 가족 구성원의 의견을 존중하고, 함께 대화를 나누면서 가장 좋은 해결책을 찾아 가는 거예요. 이것을 민주적 의사결정이라고 불러요. 어려운 말처럼 들리나요? 쉽게 말하면, '모두의 의견을 들어 보고 함께 결정하기'라고 생각하면 된답니다.

 **기억해요, 한 줄 정치 이야기!**

가족 정치는 가족 구성원 모두의 의견을 존중하고 함께 결정하는 과정이에요.

모두가 행복하게 살기 위해서는 존엄성이 존중되어야 해요. 우리는 나이나 성별에 상관없이 누구나 존중받아야 할 소중한 사람이기 때문이지요. 그것은 가족 안에서도 변함없는 사실이고요. 그런데 드라마에 자주 등장하는 가족의 모습은 어떤가요? 가족들에게 명령을 내리는 권위주의적인 아버지와 자신을 희생하며 가족만 돌보는 어머니처럼 아직도 틀에 박힌 모습의 가족을 자주 볼 수 있을 거예요. 이런 가정에서 허심탄회한 대화는 너무 힘들지 않을까요?

정치란 갈등을 해결하는 과정이라는 것을 기억하나요? 그렇다면 집안에서의 갈등은 어떻게 해결하면 좋을까요? 가족들이 한자리에 모여 가족회의를 하는 것도 좋은 해결책이에요. 가족회의라고 해서 거창할 필요는 없어요. 함께 둘러앉아 주제를 정하고 이야기를 나눠 보는 데서 시작하면 되니까요.

예를 들어, 집안마다 가족들끼리 부딪치는 문제를 생각해 보세요. 청소 역할 분담이 필요하다거나, 가족들끼리 함께 여행할 기회가 없어 불만이거나……. 그 문제를 주제로 정해 봅시다. 단, 누구든 솔직하고 당당하게 말할 수 있는 기회가 있어야 해요. 회의 내내 아버지 혼자 일장 연설을 늘어놓고 자식은 딴짓을 하고 있다면 그것은 진정한 가족회의라고 할 수 없겠지요?

대화에도 기술이 필요해요. 무엇보다 상대방이 말하는 내용을 주의 깊게 듣고 이해하려는 태도를 지녀야 해요. 상대방의 의견과 감정을 존중하며 대화를 이어가고, 자신의 의견을 분명하고 명확하게 전달해야 한답니다.

1

생활 속의 정치

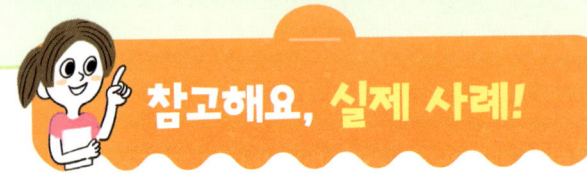

1. 빌 게이츠의 자녀 교육 규칙

   마이크로소프트 창업자로 우리에게 잘 알려진 빌 게이츠와 아내 멀린다는 자녀 교육과 관련해 규칙을 정하고 실천하려고 했어요. '저녁 식사는 가족이 다 함께 먹기, 집안일은 모두가 함께 분담하기, TV나 컴퓨터 사용 시간 제한하기, 가족이 함께 자선 활동에 참여하기'가 바로 그 규칙이었어요.

   특히 눈길을 끄는 점은 자녀들에게 스물한 살이 되기 전까지는 스마트폰을 주지 않았다는 사실이에요. 대신 가족 간의 대화 시간을 늘리고 독서를 장려했다고 해요. 빌 게이츠는 이렇게 말했어요.

   "우리 가족은 함께 결정을 내리고, 그 결정을 존중합니다. 이는 아이들에게 책임감과 자율성을 키워 주는 좋은 방법입니다."

2. 로즈, 쏜, 버드 게임

미국의 오바마 전 대통령 가족은 매일 저녁 식사 시간에 '로즈, 쏜, 버드(Rose, Thorn, Bud)' 게임을 했다고 해요. 각자 그날 있었던 가장 좋았던 일(Rose), 가장 힘들었던 일(Thorn), 기대되는 일(Bud)을 이야기하며 서로의 생각을 나누고 이해하는 시간을 마련했어요.

오바마 가족은 왜 매일 저녁 식사 때마다 이런 게임을 했을까요? 바로 서로의 하루에 대해 더 잘 알기 위해서예요. 더불어, 세상일에는 좋은 일도 있고 힘든 일도 있다는 사실을 배울 수 있지요. 함께하는 시간을 통해 가족들이 서로 더 가까워질 수 있고, 미래에 대한 희망을 품을 수 있어요. 이 게임은 미국에서 꽤 널리 알려져서 가정은 물론 학교에서도 이 게임을 활용해 아이들의 감정을 이해하려고 노력한답니다.

오늘 하루 동안 가장 좋았던 일, 가장 힘들었던 일, 내일 기대되는 일을 떠올려 보세요. 그리고 저녁에 가족들과 함께 이야기를 나눠보면 어떨까요? 이렇게 하면 우리 가족도 더 가까워지고, 서로를 더 잘 이해할 수 있을 거예요!

그것이 더 알고 싶다!

 가족 정치가 우리에게 어떤 도움을 주나요?

 대화로 시작하는 가족 정치는 우리에게 많은 도움이 돼요.

 첫째, 가족들이 서로를 더 잘 이해할 수 있어요. 가족들의 생각과 감정을 알게 되면, 서로를 더 잘 이해하고 배려할 수 있게 돼요. 둘째, 문제 해결 능력이 자라요. 가족끼리 문제를 해결하는 과정을 통해 우리는 다양한 상황에서 문제를 해결하는 능력을 기를 수 있어요. 셋째, 책임감을 배울 수 있어요. 가족 정치에 참여하면서 우리는 자신의 의견이 가족에게 미치는 영향을 알게 되고, 그에 따른 책임감도 배우게 된답니다. 넷째, 민주주의를 실천할 수 있어요. 가정에서 민주적으로 의사결정을 해본 경험은 앞으로 사회생활에 큰 도움이 될 거예요. 마지막으로, 가족 간에 서로 이해하고 믿으며 마음이 통하는 유대감이 더 깊어져요. 함께 결정을 내리고 그 결과를 받아들이는 과정에서 가족 간의 신뢰와 사랑이 한층 더 깊어질 수 있어요.

가족의 다른 이름, 식구

가족의 또 다른 이름은 '식구'예요. 식구란, 함께 밥 먹는 사람들이라는 뜻이에요. 한자로 먹을 식(食), 입 구(口)가 만나 식구가 되지요. 옛날 사람들은 함께 밥을 먹는 사람들이 진정한 가족이라고 생각했나 봐요. 그런데 재미있게도, 옛날에는 밥 먹으면서 말하는 것을 좋아하지 않았어요. 음식에 집중하라는 뜻도 있었겠지만, 식사 예절을 매우 중요하게 여겼기 때문이에요.

하지만 지금은 세상이 달라졌어요! 모두가 바쁜 현대 사회에서는 오히려 식구들과 함께 밥을 먹으면서 대화하는 게 정말 중요해졌어요. 서로 하루 종일 있었던 이야기를 듣다 보면 가족들의 생각이나 고민도 알 수 있기 때문이에요. 이렇게 함께 밥 먹고 이야기 나누는 것, 그것이 바로 가족 정치의 첫걸음이 될 수 있어요. 어때요, 어렵지 않지요?

Q 우리 집은 남녀 차별이 심해요! 어떻게 하면 평등한 가족이 될 수 있을까요?

A 지금은 폐지되었지만, 우리나라에는 호주제라는 독특한 제도가 있었어요. 호주제란, 한 집안의 대장인 호주가 집안의 계통을 이어가는 제도를 말해요. 호주가 되는 순서는 아들, 손자, 딸, 아내, 며느리 순이었어요. 이 제도의 가장 큰 문제는 성평등에 어긋난다는 점이었어요. 가족 간에 서열을 매겨 평등한 가족 관계를 방해하고, 은근히 여성을 남성보다 낮은 존재로 느끼게 만들었어요. 그래서 오늘날 호주제는 폐지되었지요. 하지만 이 호주제가 심어놓은 생활 속의 남녀 차별은 여전히 살아 있어요. 음식 준비는 어머니가 했는데도 가장인 아버지가 먼저 숟가락을 들어야 나머지 가족들이 식사를 시작하는 것처럼요.

인권 의식을 높일 수 있는 가장 쉽고 효과적인 방법은 바로 집안에서부터 실천하는 것이에요. 가족은 사랑으로 끈끈하게 연결되어 있어서 상대방에 대한 애정과 존중의 기틀이 이미 갖추어져 있기 때문이에요. 가족들 각자의 개성을 존중해 주며 평등하고 조화로운 가족 관계를 유지하는 것, 이것이야말로 평등한 가족이라고 할 수 있어요. 나이와 성별에 상관없이 가족 모두가 서로 아끼고 사랑하며 존중할 준비가 되었나요?

 반장 선거, 이게 바로 정치야!

6학년 1반에서 반장 선거가 있었어요. 이 선거에 민지와 준호가 후보로 나섰어요.

민지는 6학년 1반을 더 즐겁고 화목하게 만들겠다고 약속했어요. 구체적으로 생일 파티 준비 위원회를 만들고, 매달 한 번씩 '학급 특별 활동의 날'을 만들겠다고 했지요. 반면, 준호는 점심시간을 30분 늘리고 매주 금요일 마지막 교시에 영화를 보겠다고 약속했어요. 아이들은 준호의 공약에 환호했어요. 그리고 투표 결과, 준호가 압도적인 표 차로 당선되었어요. 아이들은 신이 나서 준호에게 축하를 건넸답니다.

그런데 한 달이 지나도 준호의 공약은 지켜지지 않았어요. 점심시간은 그대로였고, 금요일마다 영화를 보지도 않았지요. 화가 난 아이들이 준호에게 따졌어요.

 왜 약속을 안 지키는 거야?

 선생님께서 안 된다고 하셨어. 점심시간을 마음대로 바꾸거나 수업 시간에 영화를 볼 수는 없대.

 뭐라고? 실천할 수도 없는 공약을 이야기했단 말이야?

 준호는 반장 자격 없어!

준호의 대답을 들은 아이들은 반장을 다시 뽑아야 한다고 생각했어요. 그래서 선생님께 말씀드리고 결국 반장을 다시 정하기로 했어요. 선생님은 이렇게 말씀하셨어요.

"당장 재미있고 즐겁자고 섣불리 판단하면 안 돼. 특히 반장은 우리 반을 대표하는 사람이니까 신중하게 잘 뽑아야 한단다."

 반장이나 대표를 잘 뽑으려면 어떻게 해야 하나요?

선생님, 알려 주세요!

　6학년 1반 반장 선거 이야기는 정치와 깊은 관련이 있네요. 반장 선거는 우리가 학교에서 경험하는 가장 기본적인 정치 활동이기 때문이에요. 그중에서도 **선거**와 관련이 있어요. 선거는 우리를 대표해서 일할 사람을 뽑는 과정이에요. 국가에서 대통령이나 국회의원을 뽑는 것처럼 학급에서는 반장을 뽑아요. 선거에 참여할 권리가 있는 사람을 **유권자**라고 하는데, 유권자는 선거에 출마한 후보자의 인성, 정책, 소속 정당 등을 꼼꼼히 살펴 대표자를 직접 뽑아요. 그래서 반장을 뽑는 반 학생들도 유권자이지요. 유권자가 원하지 않는 사람은 투표를 통해 자연스럽게 떨어지게 돼요.

　그런데 선거에서는 대표를 뽑는 기준이 중요해요. 단순히 인기나 성적만으로 반장을 뽑으면 안 되고, **공약**을 제대로 봐야 해요. 공약이란, 선거에 후보자로 나서는 사람이 어떤 일을 어떤 과정을 통해 실천하겠다는 약속이에요. 그런데 말로만 그럴듯하게 약속해 놓고 나중에 하나도 지키지 못한다면 하나마나 한 약속이 될 거예요. 준호가 점심시간을 30분 늘리고 매주 금요일 마지막 교시에 영화를 보게 해준다는 약속을 지키지 못했던 것처럼요.

　그래서 정당이나 후보자가 공약을 제시할 때 목표, 우선순위, 예산❷ 등의 구체적인 실천 계획을 제시하게 하고, 이 공약을 검증하고 평가하자는 운동이 활발히 일어나고 있어요. 이것을 '매니페스토(Manifesto)' 운동이라고 부른답니다.

❷ 앞으로 써야 할 돈의 액수와 쓸 곳을 미리 정해놓은 계획.

우리도 반장 선거를 할 때 친구들의 공약을 잘 살펴봐야 해요. 반장 선거에 나가는 후보자는 실제로 실천할 수 있는 공약을 내세워야 하고요.

매니페스토(Manifesto) 운동

매니페스토란, 선거 때 후보자나 정당이 어떤 일을 실천하겠다고 약속하는 것이에요. 단순히 "좋은 일 할게요."라고 말하는 게 아니라, "언제까지, 무엇을, 어떻게 하겠습니다."라고 구체적으로 약속한다는 뜻이에요. 예를 들면, "3년 안에 우리 동네에 놀이터 3개를 만들겠습니다."라고 제시하는 것처럼요.

매니페스토 운동은 후보자들이 말한 구체적인 약속을 유권자들이 꼼꼼히 살펴보며 실천 가능한지 따져보고, 당선된 후에도 그 약속을 잘 지키는지 계속 확인하려 하는 거예요. 이렇게 하면 후보자들은 허황된 약속을 하기 어려워지고, 그만큼 유권자들은 더 현명하게 투표할 수 있어요.

우리나라에서는 2006년부터 매니페스토 운동이 시작됐어요. 처음에는 지방 선거에서 시작했는데, 지금은 대통령 선거나 국회의원 선거에서도 매니페스토를 중요하게 여기고 있어요. 덕분에 선거가 '정책 중심'으로 바뀌고 있답니다.

 **기억해요, 한 줄 정치 이야기!**

선거는 민주적으로 진행되어야 해요.

민주주의 선거의 4대 원칙은 보통 선거, 평등 선거, 직접 선거, 비밀 선거예요.

보통 선거란, 사회적 지위가 높거나 낮거나, 돈이 많거나 적거니, 여자이거나 남자이거나 상관없이 법으로 정한 일정한 나이(18세)가 되면 선거에 참여할 수 있다는 원칙이에요.

평등 선거란, 불평등 선거에 반대되는 말로, 모두 똑같이 한 표씩 행사한다는 뜻이에요. 또한 지위나 재산 등으로 표의 가치가 달라질 수 없다는 것을 의미하지요.

직접 선거란, 간접 선거와 반대되는 말로, 나 대신 다른 사람이 선거를 대신 해줄 수 없다는 뜻이에요. 내가 아파서 투표장에 나갈 수 없다고 다른 사람에게 투표를 맡길 수는 없답니다.

비밀 선거란, 누구를 뽑았는지 비밀이 보장되어야 한다는 원칙이에요. 비밀 선거의 이유는 투표할 때 남들에게 알리지 않음으로써 자유롭게 자신이 원하는 사람을 뽑을 수 있도록 하기 위해서예요. 대부분의 현대 민주 국가는 투표용지에 이름을 적지 않는 '무기명 투표'로 선거인의 비밀 선거를 보장하고 있어요.

▼ 헌법 제41조
① 국회는 국민의 보통·평등·직접·비밀선거에 의하여 선출된 국회의원으로 구성한다.

▼ 헌법 제67조
① 대통령은 국민의 보통·평등·직접·비밀선거에 의하여 선출한다.

다양한 나라의 학생회장 선거

미국의 어떤 초등학교에서는 학생회장 선거를 할 때 TV 토론회처럼 후보자 토론회를 열어요. 그러면 후보들이 학교 방송을 통해 자신의 공약을 발표해요. "점심시간에 더 재미있는 활동을 할 수 있게 하겠습니다!" 그리고 학교 강당에 학생들이 모두 모여서 후보자 토론회를 열어요. 이 토론회에서는 후보들이 차례로 나와서 자신의 공약을 더 자세히 설명하고 다른 학생들의 질문에 대답해 주지요. 누군가 "점심시간에 어떤 활동을 할 건가요?"라고 물으면 "줄넘기 대회를 열거나 짧게 춤추는 시간을 마련할 거예요."라고 대답하는 식이랍니다.

텍사스주의 한 초등학교에서는 더 재미있는 활동을 한다고 해요. 학생회장 후보들은 선거 운동 기간 동안 작은 선거 사무실을 열어요. 거기서 포스터도 만들고 친구들에게 자신의 공약을 설명하기도 하지요. 어른들의 선거 운동과 비슷해요.

이렇게 다양한 활동을 통해 어린 학생들도 민주주의가 어떻게 작동하는지, 투표가 얼마나 중요한지 배울 수 있어요. 또, 다른 사람 앞에서 자신의 생각을 말하는 법, 다른 사람의 의견을 듣는 법도 배우게 돼요. 여러분이 다니는 학교에서는 선거를 어떻게 진행하는 게 좋을까요?

Q 반장 선거와 대통령 선거는 어떤 점이 비슷한가요?

A
반장 선거는 대통령 선거의 축소판이에요. 구체적으로 살펴보면 다음과 같아요.

① **후보 등록:** 반장 선거에서 후보로 나서는 것처럼, 대통령 선거에서도 후보 등록 절차가 있어요.

② **선거 운동:** 반에서 자신을 뽑아달라고 홍보하는 것처럼, 대통령 선거에서도 후보자들이 선거 운동을 해요.

③ **공약 제시:** 반장이 되면 무엇을 할지 약속하는 것처럼, 정치인들도 선거 때 공약을 제시해요.

④ **투표:** 민주주의 선거의 4대 원칙을 지켜서 투표해요.

⑤ **개표:** 투표가 끝난 뒤, 투표함을 열어 표를 세는 과정도 비슷해요.

⑥ **당선자 발표:** 가장 많은 표를 받은 사람이 당선되는 것도 같지요.

⑦ **임기:** 반장을 1년 동안 맡는 것처럼, 대통령도 5년이라는 정해진 임기가 있어요.

⑧ **책임과 의무:** 반장이 반 친구들을 위해 일해야 하는 것처럼, 선출된 대통령도 국민을 위해 일해야 해요.

어때요, 비슷하지요? 반장 선거에 참여하면서 우리는 자연스럽게 민주주의와 정치를 배우게 된답니다. 반장 선거의 경험은 앞으로 여러분이 투표권을 갖게 되었을 때 큰 도움이 될 거예요.

Q 유권자로서 가져야 할 자세를 조금 더 자세히 설명해 주세요!

A 가장 먼저, 후보자들의 공약을 꼼꼼히 살펴보는 게 중요해요. 준호의 경우처럼 실천할 수 있는 공약인지, 우리 사회에 꼭 필요한 공약인지 잘 따져봐야 해요.

다음으로 후보자의 능력과 자질을 잘 살펴봐야 해요. 후보자가 공약을 지킬 수 있는 능력이 되는지, 정직하고 성실한 사람인지 보는 것이에요. TV 토론회나 연설을 볼 때 후보자의 말과 행동을 잘 관찰해 보면 좋겠지요?

그리고 다양한 의견을 듣는 자세가 필요해요. 나와 다른 후보자를 지지하는 사람의 의견에도 귀 기울여보고, 왜 그렇게 생각하는지 이해하려고 노력해야 해요. 가족이나 친구들과 선거에 관해 이야기를 나누는 것도 좋은 방법이에요. 서로의 의견을 존중하면서 대화해야 한다는 것도 꼭 기억하고요!

마지막으로, 투표에 꼭 참여해야 해요. 아무리 좋은 후보를 골랐어도 투표하지 않으면 아무 소용이 없어요. 한 사람 한 사람의 투표가 모여 우리의 대표가 되는 것이니까요.

3 마을 축제를 준비해요
- 풀뿌리 민주주의

은우네 동네에서 가을을 맞이해 마을 축제를 열기로 했어요. 그런데 어떤 주제의 축제를 펼치는 게 좋을지 의견이 모두 달랐어요.

 은우: '우리 동네 강아지 패션쇼'를 열면 어떨까요?

 옆집 할머니: 아니야, 가을이고 하니 '계절 떡 만들기 대회'를 해보자꾸나.

 청년: 떡 만들기는 요즘 젊은이들이 좋아하지 않을 거예요. 댄스 경연 대회는 어떨까요?

축제 내용뿐만 아니라 장소를 두고도 의견이 갈렸어요.

"공원에서 축제를 하면 분위기가 더 좋아질 거예요."

"하지만 비가 오면 어떡하죠? 그리고 화장실이 부족할 수도 있어요."

"학교 운동장이 더 좋아요. 넓어서 여러 행사를 한꺼번에 할 수 있고, 체육관도 있으니까 실내 행사도 할 수 있잖아요."

"그런데 주말에 학교를 개방할 수 있을까요? 주차 공간도 부족할 것 같아요."

축제 비용을 마련하는 방법에 대해서도 의견이 엇갈렸지요.

"주민들에게 돈을 걷자는 의견과 기업의 후원을 받자는 의견이 나왔는데, 어떻게 생각하세요?"

"우리 마을 축제니까 우리가 직접 꾸려가는 게 좋아요. 모두가 조금씩 돈을 내면 축제에 대한 애착도 커질 거예요."

"요즘 먹고살기도 빠듯한데 주민들에게 부담을 주는 건 좀 아닌 것 같아요."

"대기업의 후원을 받으면 축제를 더 크게 열 수 있어요. 유명 가수도 부르고 더 많은 행사도 치를 수 있잖아요."

"하지만 대기업이 후원하면 축제가 자칫 광고의 장이 될 수도 있어요."

주민들은 각자의 의견을 내놓으며 열심히 토론했지만, 쉽게 결론이 나지 않았답니다.

 주민들끼리 회의해서 지역 문제를 결정해도 되나요? 국회의원같이 높은 사람이 결정해 줘야 하는 거 아닌가요?

선생님, 알려 주세요!

　방금 본 마을 축제를 준비하는 과정이 바로 **풀뿌리 민주주의**의 좋은 예예요. 풀뿌리 민주주의란, 풀의 뿌리처럼 아래에서부터 시작하는 민주주의를 가리켜요. 마을이나 지역 주민들이 직접 참여해서 결정을 내리고 문제를 해결해 나간다는 뜻이에요.

　풀뿌리 민주주의의 장점은 무엇일까요?

　첫째, 주민들의 의견을 직접 들을 수 있어요. 실제로 그 지역에 사는 사람들이 무엇을 원하는지 정확히 알 수 있지요. 둘째, 지역의 특성에 맞는 해결책을 찾을 수 있어요. 셋째, 주민들의 책임감과 참여 의식이 높아져요. 내가 낸 의견으로 결정이 이루어지니 더 적극적으로 참여하게 되지요. 넷째, 공동체가 더 돈독해져요. 함께 의견을 나누고 결정을 내리는 과정에서 이웃 간의 관계가 더 가까워지게 돼요.

　하지만 어려운 점도 있어요. 의견이 너무 다양해서 결론을 모으기가 어렵고, 시간도 오래 걸릴 수 있어요. 사공이 많으면 배가 산으로 간다는 속담처럼요. 그래도 이런 과정을 거치면서 우리는 더 나은 방향으로 결정하는 법을 배우게 될 거예요. 서로 다른 의견을 주의 깊게 듣고 그중에서 가장 좋은 점들을 모아 결론짓다 보면, 비록 시간이 오래 걸리더라도 결국 모두가 만족할 수 있는 좋은 결정을 내릴 수 있게 된답니다.

 **기억해요, 한 줄 정치 이야기!**

풀뿌리 민주주의는 주민들이 직접 참여해 지역 문제를 해결하는 방법이에요.

제도적으로는 '지방 자치'라고 불러요. 지방 자치란, 지역 주민이나 단체가 자율적으로 그 지역의 일을 맡아서 처리하는 제도를 말해요. 지방 자치를 하게 되면 지방으로 권력을 분산시키고 지역 특성에 맞는 정책을 추진할 수 있다는 장점이 있어요. 더불어 지역 주민들이 스스로 결정하는 힘을 키울 수 있어요. 즉, 지역 주민들은 지방 자치를 통해 민주주의를 직접 경험하면서 성숙한 시민으로 성장할 수 있답니다.

하지만 지방 자치에도 주의해야 할 점이 있어요. '지역 이기주의' 문제가 빚어지기 때문이에요. 자기가 사는 곳의 이익만 생각하다 보면 다른 지역이나 나라 전체의 이익과 충돌할 수 있거든요. 예를 들면, 쓰레기 매립장이나 화장터 같은 시설은 꼭 필요하지만, 자기 동네에 들어오는 걸 반대하는 '님비(NIMBY) 현상'이 나타나기도 해요. 그래서 지방 자치를 할 때는 자기 지역의 발전뿐만 아니라 다른 지역과의 협력 그리고 나라 전체의 이익도 함께 고려해야 해요. 이렇게 균형 잡힌 시각으로 지방 자치를 실천할 때, 진정한 풀뿌리 민주주의가 이루어질 수 있거든요.

지역 이기주의

안타깝게도 국가 전체의 이익과 지역의 이익이 항상 일치하지는 않아요. 나라의 이익이 꼭 나의 이익이 되지 않는 것처럼요. 지역 이기주의란, 자기 지역의 이익을 제일 먼저 생각하는 사고방식인데, 국가의 중요한 정책을 결정할 때 종종 방해 요인이 되곤 해요. 대표적으로 님비 현상, 핌피 현상, 바나나 현상이 있어요.

님비(NIMBY: Not in My Back Yard) 현상이란, 자신이 사는 지역에 혐오 시설이 들어서는 것을 반대하는 거예요. 쓰레기 매립장이나 화장터 등 이른바 '혐오 시설'의 건립을 반대하는 경우가 대표적이에요.

핌피(PIMFY: Please in My Front Yard) 현상이란, 님비 현상과 반대로 자기 지역에 유리한 시설을 적극적으로 유치하려는 경향이에요.

바나나(Build Absolutely Nothing Anywhere Near Anybody) 현상은 어디에든 아무것도 짓지 말라는 극단적인 이기주의예요. 유해 시설의 설치 자체를 반대하는 경향을 가리켜요.

1. 마을 만들기

　제주도 서귀포시의 한 마을에서는 '마을 만들기 사업'을 통해 버려진 폐교를 주민들의 문화 공간으로 바꾸었어요. 주민들이 직접 아이디어를 내고, 함께 공사에 참여해서 옛날 교실을 도서관, 공방, 작은 영화관으로 만들었어요. 주민들은 이곳에서 책도 읽고, 도예나 그림 같은 취미 활동도 즐기고, 영화도 볼 수 있게 됐어요. 또, 주민들이 직접 문화 센터를 관리하고 프로그램을 운영하게 되면서 일자리가 생겨났어요. 특히 젊은이들이 마을로 돌아와 일할 기회가 생겼다고 해요. 그리고 마을에 관광객들이 많이 찾아오게 되어서 마을 경제도 살아났어요. 주민들이 직접 만든 공간이다 보니 마을에 대한 애정이 더 깊어지고 주민들 사이의 관계도 더 돈독해졌대요.

2. 아동 친화 도시 만들기

　경기도 시흥시는 2015년부터 '아동 친화 도시 만들기' 사업을 시작해서, 2020년에는 유니세프로부터 아동 친화 도시로 인증을 받았어요. 어떻게 그렇게 되었을까요?

　이 사업에서 어린이와 청소년들은 정말 중요한 역할을 해요. 아이들은 '어린이 디자인단'을 꾸려 직접 놀이터를 디자인했어요. 실제로 아이들이 디자인한 놀이터가 생겼어요. 그리고 '어린이 의회'도 운영해요. 아이들은 의회에서 시장님께 정책을 제안하기도 하지요. 학교 주변에 안전시설을 설치하거나 청소년 문화 공간을 마련하는 따위의 의견을 제시했어요. 또한 '찾아가는 아동 권리 교육'도 하고 있어요. 아이들에게 자신의 권리를 알려 주고, 어떻게 하면 그 권리를 지킬 수 있는지 가르쳐 줘요. '아동 권리 모니터링단'도 있어요. 아이들이 직접 마을을 돌아다니면서 위험한 곳이나 개선이 필요한 곳을 찾아내지요. 시흥시는 앞으로도 계속 아이들의 의견을 듣고 반영하면서 더 좋은 도시를 만들어 갈 계획이랍니다.

　이렇게 아이들의 목소리에 귀 기울이고, 아이들과 함께 도시를 만들어 가는 모습이 정말 멋있지 않나요?

그것이 더 알고 싶다!

Q 도서관에 갔다가 '주민참여예산제'라는 포스터를 봤어요. 뭔가 멋진 일 같아서 궁금해요! 우리도 참여할 수 있나요?

A 주민참여예산제는 우리 동네에 무엇이 필요한지 주민들이 직접 제안하고, 돈을 어떻게 쓸지 결정하는 제도예요. 예를 들어 여러분이 '우리 동네에 놀 곳이 없어'라고 생각한다면, 주민참여예산제를 통해 의견을 낼 수 있어요. 그리고 여러분의 의견에 많은 사람이 동의하면 실제로 예산에 반영돼서 동네에 새 놀이터가 등장할 수도 있답니다!

주민참여예산제의 좋은 점은 뭘까요? 먼저, 주민들이 직접 결정해요. 동네에 무엇이 필요한지 가장 잘 아는 사람은 바로 주민들이기 때문에 정말 필요한 곳에 돈을 쓸 수 있어요. 그리고 많은 사람들이 참여할 수 있어요. 예산을 어떻게 쓸지 결정하는 데 많은 사람들이 참여하기 때문에 더 공정하고 투명해지겠지요.

우리나라에서는 2011년부터 주민참여예산제를 의무적으로 시행하고 있어요. 많은 지역에서 청소년 참여예산제도 같이 운영하고 있으니까 여러분도 적극적으로 참여해 보면 어떨까요?

1 생활 속의 정치

4 갈등과 다툼, 어떻게 해결하지?

5 다 함께 행복해지는 방법

 - 민주주의

6 평등이 뭐예요?

7 인간의 본성과 정치

 - 성선설 vs 성악설

2장

정치는 왜 필요할까?

4. 갈등과 다툼, 어떻게 해결하지?

민준이네 반은 오늘 4교시에 체육 시간이 있었어요. 그런데 비가 오는 바람에 다들 체육관에 모였어요. 담임 선생님이 친구들과 함께 무엇을 할 건지 직접 결정하라고 했어요.

민준: 얘들아, 오늘은 축구하자! 축구가 제일 재밌잖아!

서연: 아니야, 피구하자. 피구는 다 같이 할 수 있어!

민준: 축구가 더 재밌다고! 축구해!

서연: 너는 왜 맨날 축구만 하자고 해? 축구는 지겹고 재미없어. 이젠 좀 다른 것도 해보자고!

민준: 축구가 재미없는 건 네가 운동 신경이 없어서 그런 거 아니야?

서연: 뭐라고? 너는 운동 신경이 좋은 것처럼 말하네. 나도 충분히 잘하거든?

그렇게 민준이와 서연이의 싸움이 점점 격해지더니 서로를 밀치기까지 했어요. 친구들은 당황스럽기도, 또 무섭기도 했어요. 그래서 민준이와 서연이를 말렸어요. 하지만 말리던 친구들마저 같이 싸움에 휘말리게 됐지요.

이때 잠시 밖에 나갔던 선생님이 돌아왔어요. 선생님은 아이들에게 말했어요.

"잠깐만. 이렇게 싸우면 아무것도 못 하지. 조금 진정하고 각자 축구와 피구의 장단점을 한번 말해 볼까?"

선생님의 말씀에 친구들은 장단점을 서로 알려 주었어요.

"음……. 이렇게 장단점이 다양하니까, 공평하게 오늘은 축구를 하고 다음 주에는 피구를 하는 건 어떨까?"

선생님의 말씀에 친구들은 서로 얼굴을 보며 고개를 끄덕였어요.

미안해, 서연아.

나도 미안해. 그럼 오늘은 신나게 축구하자!

선생님, 알려 주세요!

담임 선생님 덕분에 민준이와 서연이의 싸움이 금방 해결되었네요. 민준이와 서연이 사이에 갈등이 있었어요. 갈등이란, 서로 의견이 달라서 생기는 다툼이나 대립을 말해요. 하지만 갈등이 꼭 나쁜 것만은 아니에요. 갈등을 통해 우리는 서로의 생각을 알게 되고, 더 나은 해결책을 찾아갈 수 있거든요. 갈등을 어떻게 해결하느냐가 중요하지요.

갈등은 대화와 토론을 통해 타협하며 해결할 수 있어요. 양쪽 모두 조금씩 양보하며 중간 지점을 찾아내려 노력해야 해요. 축구와 피구를 번갈아 하기로 한 것처럼요. 투표를 할 수도 있어요. 모두의 의견을 듣고 다수결로 결정해도 좋고요. 아니면 담임 선생님이 나서서 해결한 것처럼 제삼자가 갈등을 조정하며 중재를 해줄 수도 있어요. 앞으로 비슷한 갈등이 생기지 않도록 모두가 지킬 수 있는 규칙을 만드는 것도 하나의 방법이랍니다.

이런 방법들을 적용할 때는 서로를 존중하는 마음이 무엇보다 중요해요. 내 의견만 옳다고 우기지 않고 상대방의 입장에서 생각해 보는 자세가 꼭 필요해요.

역지사지(易地思之)

'역지'는 '자리를 바꾸다'라는 뜻이고, '사지'는 '생각하다'라는 뜻이에요. 즉, 자리를 바꾸어서 상대방의 입장으로 생각해 본다는 뜻이지요. 여러분도 잘 알고 있는 이솝우화, <바람과 태양>으로 예를 들어볼까요?

바람과 태양은 지나가는 나그네의 외투를 누가 먼저 벗기는지 시합했어요. 바람은 입김을 세차게 불어 힘으로 외투를 벗기려고 했지만, 그럴수록 나그네는 외투를 더 꽉 붙잡았어요. 반면 태양은 따뜻하게 빛을 비췄고, 나그네는 점점 따뜻해지자 스스로 외투를 벗었답니다.

이 이솝우화는 상대방의 입장에서 생각해 보라는 교훈을 알려 줘요. 바람은 자기 방식만 고집했지만, 태양은 여행자의 입장에서 생각했기 때문에 시합에서 이길 수 있었어요.

다른 사람과 의견이 다를 때, 잠시 '역지사지'의 마음으로 생각해 보면 어떨까요?

 **기억해요, 한 줄 정치 이야기!**

갈등은 피하는 게 아니라 대화와 타협으로 해결해야 해요.

대화와 타협을 통해 갈등을 풀어가는 능력은 정말 중요해요. 왜 중요할까요?

첫째, 더 나은 해결책을 찾을 수 있어요. 다양한 의견을 듣다 보면 처음에는 생각하지 못했던 좋은 아이디어가 나올 수도 있거든요. 둘째, 관계가 더 좋아져요. 갈등을 잘 해결하면 서로를 더 이해하게 되고, 관계도 더 돈독해질 수 있지요. 셋째, 성장의 기회로 삼을 수 있어요. 갈등을 해결하는 과정에서 우리는 의사소통 능력, 공감 능력, 문제 해결 능력 등을 기를 수 있어요. 넷째, 민주 시민으로 성장할 수 있어요. 갈등을 평화적으로 해결하는 방법을 배우면 민주 사회의 구성원으로 성장하는 데 큰 도움이 돼요. 다섯째, 더 나은 사회를 만들어요. 개인 간의 갈등 해결 능력이 모여 사회 전체의 갈등 해결 능력이 되고, 이는 더 평화롭고 발전된 사회를 만드는 밑거름이 된답니다.

앞으로 갈등 상황이 생기면 도망가지 말고 용기 내어 대화로 풀어나가 보세요. 그것이 바로 성숙한 민주 시민으로 자라나는 첫걸음이 될 거예요!

1. 올림픽 남북 단일팀

2018년 평창 동계올림픽 당시, 남한과 북한을 한 팀으로 구성하는 것 때문에 국민들 사이에 갈등이 있었어요. 우리나라 선수들의 출전 기회가 줄어들 수 있다는 우려 때문이었지요. 하지만 대화와 타협을 통해 결국 여자 아이스하키 종목에서 단일팀을 구성했어요. 이것은 올림픽 정신을 잘 보여 주는 사례가 되기도 했어요. 올림픽 정신은 '우정, 연대, 페어플레이'를 강조하는데, 특히 스포츠를 통해 평화로운 세상을 만든다는 중요한 목표가 있거든요. 남북 단일팀은 이런 올림픽 정신을 실천했어요. 메달은 따지 못했지만, 평화의 소중함을 전 세계에 알릴 수 있었어요. 이것이야말로 진정한 승리가 아닐까요?

2. 학교 폭력 예방 교육

　서울의 한 중학교에서는 학교 폭력 문제를 해결하기 위해 '또래 상담사' 제도를 운영하고 있어요. 학생들이 직접 상담사가 되어 친구들의 고민을 들어주고 도와줘요. 또래 상담사들은 특별한 교육을 받아요. 친구의 마음을 이해하는 방법, 갈등을 평화롭게 해결하는 방법 등을 배워요. 그리고 학교 안에서 친구들 사이에 문제가 생기면 중재자 역할을 하기도 해요. 이 제도 덕분에 학생들은 더 편하게 자신의 고민을 털어놓을 수 있게 되었어요. 또, 문제가 불거지기 전에 미리 해결할 수 있게 되었고요. 실제로 이 학교에서는 학교 폭력 사건이 크게 줄었다고 해요.

　이렇게 학생들이 직접 참여해서 학교 폭력 문제를 해결하는 것도 갈등 해결의 좋은 예시예요. 어른들의 도움도 필요하지만, 때로는 또래들이 서로를 더 잘 이해하고 도울 수 있거든요. 더불어 학생들이 서로 배려하고 존중하는 마음을 기르는 데도 큰 도움이 된답니다.

그것이 더 알고 싶다!

Q 선생님, 그냥 처음부터 사이좋게 지내면 되는 거 아닌가요? 왜 사회에서 자꾸 갈등이 생기는 거예요?

A 좋은 질문이에요! 사이좋게 지내면 좋겠지만, 현실에서는 그렇게 쉬운 일이 아니에요. 왜 그런지 차근차근 알아볼까요?

사람은 살아가면서 무언가를 얻고자 해요. 어떤 사람은 돈을 벌고 싶어 하고, 어떤 사람은 명예를 얻고 싶어 하고, 어떤 사람은 안정된 일자리를 얻고 싶어 하지요. 그렇기 때문에 우리는 서로 원하는 것을 놓고 그것을 얻기 위해 경쟁을 한답니다.

우리가 먹고, 입고, 가지고 싶은 것들을 **자원** 또는 **가치**라고 불러요. 그런데 자원과 가치가 드물고 귀한 게 현실이에요. 이것을 다른 말로 하면 희소성이라고 해요.

바로 이 **희소성**❸ 때문에 사람들 간에 갈등과 다툼이 생겨요. 모든 사람이 원하는 것을 다 가질 수 없어서 경쟁이 일어나고, 그 과정에서 갈등이 생길 수밖에 없어요.

그래서 정치가 필요해요. 갈등과 다툼을 그대로 내버려두면 커다란 문제가 생길 수 있으니까요. 극단적으로, 서로 죽고 죽이는 끔찍한 전쟁이 일어나기도 해요. 그래서 사회 질서를 유지하기 위해 갈등이나 다툼을 조정하고 해결할 방법을 마련해야 한답니다. 사람들 사이에 생기는 갈등이나 다툼을 누구든지 납득할 수 있도록 해결해 나가는 과정과 방법이 바로 정치라고 할 수 있어요. 물론 모든 사람을 100% 만족시키기는 어렵겠지만, 최대한 많은 사람이 납득할 수 있는 방법을 찾아가는 것, 그게 바로 정치의 역할이에요.

그런데, 이런 의문이 들지도 모르겠네요.

"텔레비전 뉴스를 보면 정치 뉴스에는 온통 서로 싸우는 이야기밖에 없던데요? 서로 자기 목소리를 높여 싸우는 게 정치 아닌가요? 정치는 싸움을 해결하는 게 아니라 싸움을 키우는 거 같아요."

물론, 그렇게 보일 수도 있어요. 이건 정치가 제대로 이루어지지 못해서 나타나는 현상이에요. 정치를 잘못하는 어른들 때문에 정치가 부정적인 모습으로 비쳐서 참 안타까워요. 이런 정치 현실 속에서 성숙한 시민의 적극적인 관심과 참여가 올바른 정치의 밑거름이 될 수 있답니다.

❸ 인간의 물질적 욕구에 비해 그것을 충족시켜 주는 수단이 제한되어 있거나 부족한 상태.

 다 함께 행복해지는 방법 - 민주주의

 별빛 동네에는 매주 토요일마다 동네 문화 센터에서 모이는 '별빛 오케스트라'가 있어요. 별빛 오케스트라의 단원들은 다음 달 지역 음악회를 앞두고 큰 고민에 빠졌어요.
 "클래식 곡을 연주해야 해! 베토벤이나 모차르트 곡이어야 제대로지."
 바이올린 연주자가 주장했어요.
 "아니야, 요즘 유행하는 팝송을 오케스트라 버전으로 편곡하는 게 좋을 것 같아. 그러면 젊은 친구들도 많이 오지 않을까?"
 첼로 연주자가 말했어요.

"영화 음악은 어때? 〈해리 포터〉나 〈겨울왕국〉 같은 영화의 OST 말이야. 그러면 아이들도 다 함께 즐길 수 있을 것 같은데!"

플루트를 부는 연주자가 제안했어요.

이렇게 각자 다른 의견을 내자, 타악기를 연주하는 민석 씨가 용기를 내어 말했어요.

"우리 민주주의적으로 해결해 보면 어떨까요? 되도록이면 모두가 원하는 것을 하는 게 좋으니까요."

지휘자 선생님이 미소를 지으셨어요.

"민석 씨 말이 맞아요. 모두의 의견을 존중하고 함께 결정해 봅시다."

단원들은 각자가 제안한 곡을 함께 들어보고 연주해 봤어요. 그리고 의견을 나눈 끝에 클래식, 팝송, 영화 음악이 모두 포함된 '음악 여행' 메들리를 만들기로 결정했어요. 각 부분에서 다양한 악기가 주인공이 될 수 있도록 편곡하기로 했지요.

한 달 뒤, 음악 여행 메들리 덕분에 지역 음악회에서의 공연은 성공적으로 마무리되었어요. 관객들은 다채로운 음악이 어우러진 독특한 메들리에 큰 박수를 보냈고, 별빛 오케스트라 단원들은 다시 한번 뿌듯함과 벅찬 감동을 느끼게 되었어요. 그리고 모두가 하고 싶었던 음악을 하게 되어 기뻐했답니다.

 '민석'이라는 사람이 민주주의적으로 해결해 보자고 했는데, 민주주의가 무엇인가요?

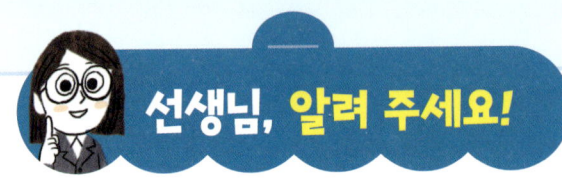

민주주의란, 간단히 말하면 '시민이 주인 되는 정치'를 뜻해요. 즉, 모든 사람이 자유롭고 평등하게 나라의 일에 참여할 수 있는 제도랍니다. 시민의 의견을 존중하고 평화로운 방식으로 갈등을 해결할 수 있다는 점이 민주주의의 가장 큰 장점이에요. 그래서 "민주주의적으로 해결하자!"라고 했던 것이지요. 또, 잘못된 결정이 있더라도 그것을 바로 잡을 수 있는 기회가 있어요. 그래서 많은 사람들이 민주주의를 지키고 발전시키기 위해 노력하고 있어요.

오케스트라의 서로 다른 악기들이 조화로운 화음을 이루며 아름다운 음악이 되듯, 민주주의는 다양한 사람들의 목소리가 함께 어우러져 더 나은 사회를 만들어 가요. 모든 악기가 중요하듯 모든 사람의 의견이 가치 있기 때문에, 다양한 생각과 의견이 존중받고 반영될 때 우리 사회는 더욱 풍요로워질 수 있답니다.

 **기억해요, 한 줄 정치 이야기!**

나라의 주인은 국민이에요!

이것은 헌법에 나와 있는 내용으로, 국민의 뜻에 따라 나라가 운영되어야 한다는 뜻이에요. 이 외에도 민주주의에는 중요한 원칙이 몇 가지 있어요.

① 자유와 평등: 모든 사람은 자유롭고 평등할 권리가 있어요.
② 다수결의 원칙: 여러 의견 중에서 가장 많은 사람들이 지지하는 의견을 따라요.
③ 소수의 권리 존중: 다수의 의견을 따르되, 소수의 의견도 무시하지 않고 존중해야 해요.

④ 권력 분립: 한 사람이나 한 집단이 너무 큰 힘을 갖지 않도록 권력을 나누어야 해요.
⑤ 법치주의: 모든 사람이 법 앞에 평등하고, 법에 따라 나라가 운영되어야 해요.

민주주의가 중요한 이유는 크게 두 가지예요. 바로 '참여'와 '존중'이라는 핵심 가치 때문이지요. 민주주의는 모든 사람의 참여를 보장해요. 우리 모두가 사회의 중요한 결정에 참여할 수 있어요. 투표로 대표를 뽑고, 우리의 의견을 자유롭게 표현할 수 있어요. 그리고 모든 사람을 존중해요. 기본적인 권리를 보장하고, 서로 다른 의견과 생각을 인정해 주어야 해요.

▼ 헌법 제1조
② 대한민국의 주권은 국민에게 있고, 모든 권력은 국민으로부터 나온다.

1. 스위스의 국민 투표

스위스에서는 중요한 국가 정책을 결정할 때 국민 투표를 자주 해요. 2020년 11월에는 코로나19에 대응하기 위한 정부의 권한에 대해 국민 투표를 했어요. 이 투표에서 스위스 국민들은 정부에게 코로나19에 대응할 수 있는 특별한 권한을 주기로 결정했어요. 마스크를 반드시 착용하게 하거나 많은 사람들이 모이는 것을 제한하는 등의 방역 조치를 할 수 있게 했고, 어려움을 겪는 기업들을 돕기 위한 지원금을 정부가 지급할 수 있도록 했어요. 또한 의료 시설과 의료진을 지원하는 데 필요한 조치를 정부가 신속하게 할 수 있게 했고요.

투표 결과, 60% 이상의 국민들이 이 제안에 찬성했어요. 그래서 스위스 정부는 2021년 말까지 특별한 권한을 지니며 코로나19에 대응할 수 있게 되었어요.

이렇게 스위스는 국민들이 직접 투표해서 중요한 결정을 내렸어요. 국민들의 의견을 듣고 이에 맞게 정책을 결정하는 것, 이것이 바로 민주주의의 모습이랍니다.

2. 아이슬란드의 헌법 만들기

2010년 아이슬란드에서는 국민들이 직접 참여해서 헌법을 만들었어요. 정부는 1,000명의 일반 시민을 무작위로 뽑아 국민회의를 열고, 새 헌법에 어떤 내용이 들어가야 할지 의견을 모았어요. 또한 의사, 교사, 농부, 학생 등 다양한 직업의 사람들을 포함한 25명의 시민을 선발해 헌법위원회를 구성했어요. 이 위원회가 실제로 헌법 초안을 작성했답니다.

특별했던 점은 이 과정을 국민 모두와 공유했다는 사실이에요. 페이스북, X(구 트위터), 유튜브 같은 SNS를 통해 헌법 초안을 공개하고 국민들의 의견을 받았어요. 아쉽게도 이 헌법 초안은 최종적으로 통과되지 못했지만, 국민이 직접 참여하는 민주주의의 좋은 사례로 남았어요.

3. 미국의 타운홀 미팅

미국에서는 **타운홀 미팅**을 자주 열어요. 타운홀 미팅이란, 지역 주민들이 모여 중요한 문제를 토론하는 모임이에요. 이 미팅에서는 보통 시민들이 직접 후보에게 질문을 하고, 후보는 그 자리에서 답변을 해요. 교육, 의료, 경제 등 다양한 주제와 관련해 이야기를 나눠요. 정치인들이 직접 시민들의 목소리를 듣고 시민들도 자신의 의견을 자유롭게 말할 수 있기에 정치인들도 시민들의 생각을 더 잘 이해할 수 있지요.

우리나라에서도 타운홀 미팅이 종종 열려요. 일종의 열린 토론회라고 할 수 있어요. 여러분이 이런 모임에 참여하게 된다면 어떤 의견을 내고 싶나요?

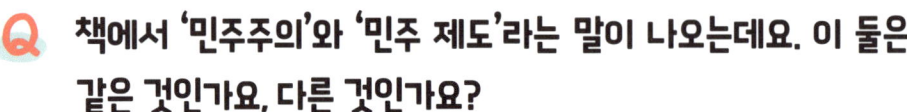

그것이 더 알고 싶다!

Q 책에서 '민주주의'와 '민주 제도'라는 말이 나오는데요. 이 둘은 같은 것인가요, 다른 것인가요?

A 민주주의와 민주 제도는 서로 연관되어 있지만, 조금 다른 의미가 있어요.

민주주의는 '인간의 존엄성 실현'과 '자유와 평등의 보장'을 중요하게 여기는 이념이에요. 모든 사람이 평등하고 소중하며, 자유롭게 자신의 의견을 표현할 수 있어야 한다는 생각을 담고 있어요.

민주주의 이념 가운데 가장 기본적인 게 바로 '인간은 존엄하다'는 생각이에요. 인간의 가치를 인정하고 존중하려는 생각이 없다면, 국민이 주권을 갖고 국가를 다스리는 민주주의가 피어날 수 없어요. 인간의 존엄성이 실현되기 위해서는 반드시 자유와 평등이 보장되어야 해요. 성별, 신분, 재산, 학력에 따라 인간의 자유가 다르게 정해진다면 진정한 자유라고 할 수 없어요. 진정한 자유를 누리려면 누구도 차별받지 않아야 한답니다. 이를 평등이라고 불러요. 결국 누구나 차별 없이 인간의 기본적인 권리인 '인권'을 보장받는 사회가 바로 민주주의 사회라 할 수 있어요.

반면에 **민주 제도**는 이와 같은 민주주의 이념을 실제로 실현하기 위한 구체적인 방법과 장치를 말해요. 예를 들면, 선거 제도, 삼권 분립, 언론의 자유가 민주 제도에 포함돼요.

민주 제도는 시간이 지나면서 계속 변화하고 발전해 왔어요. 옛날 고대 그리스의 아테네에서는 성인 남자 시민들이 직접 모여서 국가의 중요한 일을 결정했어요. 이것이 '직접 민주주의'의 시작이었어요. 하지만 당시에는 여성이나 노예들은 참여할 수 없다는 한계가 있었어요. 그래서 오늘날에는 대부분의 나라에서 '대의 민주주의'를 채택하고 있어요. 모든 국민들이 공평하게 선거로 대표를 뽑고, 그 대표들이 국민을 대신해 정치를 해요. 나라마다 그 방식은 조금씩 다른데, 예를 들어 스위스는 국민 투표로 직접 민주주의의 전통을 이어가고 있어요. 요즘에는 인터넷과 스마트폰의 발달로 '전자 민주주의'라는 새로운 형태가 나타나고 있어요. 온라인으로 의견을 내고 투표에 참여하는 방식이에요.

이렇게 민주주의는 계속해서 발전하고 변화하고 있어요. 앞으로 여러분 세대가 만들어 갈 민주주의는 지금과 또 다른 모습일 수도 있답니다!

민주주의란?

민주주의라는 말은 '국민'을 뜻하는 그리스어 'demos'와 '다스리다'라는 뜻의 'kratia'가 합쳐진 말이에요. 국민이 나라의 주인으로서 나라를 다스린다는 뜻이지요. 민주주의의 기원은 고대 그리스 아테네로 거슬러 올라가요. 당시 시민들은 직접 모여서 국가의 중요한 일을 결정했어요. 하지만 현대 민주주의는 대의제를 기반으로 해요. 국민이 선거를 통해 국민의 대표를 뽑고, 그 대표들이 국민을 대신해 정치를 한답니다.

민주주의의 핵심 가치는 자유, 평등, 인권 존중이에요. 그래서 민주주의 국가에서는 언론의 자유, 집회의 자유, 선거권 등 다양한 권리를 보장해요. 하지만 민주주의가 완벽한 제도는 아니에요. 때로는 결정을 내리는 데 시간이 오래 걸리기도 하고, 다수의 의견이 항상 옳지 않을 수도 있어요. 그래서 지속적인 대화와 타협이 꼭 필요해요.

평등이 뭐예요?

소민이는 이번 학기에 새로 전학을 왔어요. 휠체어를 타고 다니는 소민이에게 새 학교는 낯설고 두려운 곳이었어요. 특히 엘리베이터가 없고 계단만 있다는 사실을 알았을 때 마음이 무거웠어요.

전학 온 지 일주일이 지났지만, 교실이 1층에 있어서 2층에 있는 과학실에 한 번도 가 보지 못했어요. 그래서 소민이는 용기를 내어 담임 선생님께 말씀드렸어요.

"선생님, 저도 과학실에 가서 친구들과 함께 실험하고 싶어요."

선생님은 깜짝 놀라셨어요.

"그랬구나. 그동안 이동하는 게 불편할 거라고만 생각했지, 그 부분은 미처 생각하지 못했어. 정말 미안해."

이 이야기를 들은 반 친구들도 놀랐어요.

"소민아, 우리가 미처 생각하지 못했네. 너무 미안해."

"그래, 우리가 뭔가 할 수 있는 일이 없을까?"

다음날, 담임 선생님은 교장 선생님과 상의해서 소민이네 반 과학 수업은 소민이네 교실에서 하기로 결정했어요. 그리고 학생들과 함께 이동식 실험 기구를 만들어서 1층에서도 실험을 할 수 있게 했지요.

이 일을 계기로 학교에서는 장애인 학생들의 이동권에 대해 진지하게 고민하기 시작했어요. 학생회에서는 이 문제에 대해 논의하고 승강기 설치를 위한 모금 활동을 시작했어요. 이뿐만 아니라, 선생님들은 학교에 꼭 있어야 하는 장애인 시설이 제대로 있는지 점검하고 앞으로 보완해야 할 점에 대해서도 회의했답니다.

이런 모습들을 보면서 소민이는 생각했어요.

'내가 불편함을 말하지 않았다면 아무도 문제라고 생각하지 않았을 거야. 나 같이 몸이 불편한 학생도 마음 편히 다닐 수 있도록 학교가 평등한 곳이 되면 좋겠어. 선생님과 친구들이 도와줘서 정말 다행이다.'

 소민이가 말한 평등이란 무엇인가요?

2 정치는 왜 필요할까?

선생님, 알려 주세요!

　소민이의 작은 용기에 학교 전체가 긍정적인 방향으로 움직이고 있네요!

　평등이란, 모든 사람을 차별하지 않고 똑같이 대우하는 것이에요. 여자든 남자든, 가난한 사람이든 부자든, 장애가 있든 없든, 시골에 살든 도시에 살든 모든 사람은 똑같이 소중하고 평등한 대우를 받아야 해요. 평등한 사회를 만들려면 어떻게 해야 할까요?

　먼저, 차이와 차별을 구분해요. 사람마다 다른 점이 있는 건 당연해요. 서로 다르다고 상대방을 못살게 구는 건 잘못된 행동이에요. 그리고 편견을 버려야 해요. 우리는 때때로 상대방에 대해 미리 부정적인 생각을 품어서 상대방을 있는 그대로 보지 못하기 때문이에요.

　다른 사람의 감정을 이해하고 함께 느끼는 공감 능력도 키워야 해요. 공감하는 능력을 키우면 다른 사람의 어려움을 더 잘 이해할 수 있거든요. 평등한 기회를 만드는 것도 중요해요. 모든 사람에게는 자신의 꿈을 펼칠 수 있는 기회가 있어야 하기 때문이에요.

　마지막으로 약자를 배려해야 해요. 힘든 상황에 처한 사람들에게는 따뜻한 도움과 배려가 필요하니까요.

 **기억해요, 한 줄 정치 이야기!**

평등은 모든 사람이 똑같이 소중하다고 여기는 가치이자, 그 가치를 실천하는 일이에요. 그렇다면 평등은 우리 사회에 어떤 도움을 줄까요?

첫째, 인권을 보장해 줘요. 인권이란, 인간으로서 당연히 누려야 할 권리를 말해요. 예를 들면 생명권, 자유권, 행복추구권 등이 있지요. 평등이 보장되면 모든 사람이 차별 없이 인권을 누릴 수 있어요. 또, 우리가 존엄성을 지키며 살아갈 수 있게 해줘요. 어떤 사람도 차별받지 않고 자신의 가치를 인정받을 수 있다는 점, 그게 바로 평등이 우리에게 주는 가장 큰 선물이에요.

둘째, 기회의 평등을 만들어줘요. 기회의 평등이란, 모든 사람에게 공평한 출발선을 제공하는 거예요. 예를 들어, 모든 아이들이 좋은 교육을 받을 수 있다면, 많은 아이들이 훌륭하게 자랄 수 있겠지요?

셋째, 사회 통합을 이뤄줘요. 사회 통합이란, 사회 구성원들이 서로 이해하고 협력하며 하나의 공동체를 이루는 거예요. 평등한 사회에서는 사람들이 서로를 동등한 존재로 인정하기 때문에 갈등이 줄어들고 협력이 늘어나요.

넷째, 다양성을 존중하게 해줘요. 서로 다른 특성이나 배경을 지닌 사람들이 함께 어우러져 살아가는 게 다양성이에요. 평등한 사회에서는 모든 사람의 개성과 특성이 존중받기 때문에 다양한 아이디어와 문화가 자유롭게 표현될 수 있어요.

다섯째, 정의로운 사회를 만들어줘요. 정의로운 사회란, 모든 사람이 공정한 대우를 받고 노력한 만큼 보상받을 수 있는 사회라고 할 수 있어요. 평등한 사회에서는 개인의 능력과 노력을 중요하게 여기고 출신이나 배경 때문에 차별하지 않아요.

▼ **헌법 제11조**
① 모든 국민은 법 앞에 평등하다. 누구든지 성별·종교 또는 사회적 신분에 의하여 정치적·경제적·사회적·문화적 생활의 모든 영역에 있어서 차별을 받지 아니한다.

1. 영국의 장애인 권리 운동

 1990년대 초반, 영국의 장애인들이 '버스를 타게 해주세요(Campaign for Accessible Transport)'라는 운동을 시작했어요. 당시 영국의 대중교통은 대부분 장애인들이 이용하기 어려웠거든요. 1992년 런던에서는 수많은 장애인들이 모여 '우리도 타고 싶어요!'라는 포스터를 버스에 붙이고 휠체어를 탄 채 도로를 점거했지요. 이 운동은 공감을 얻어 정부와 버스 회사들도 변화의 필요성을 느끼게 되었어요. 그래서 1995년에는 장애인 차별 금지법이 생겨나고, 이 법에 따라 모든 대중교통은 장애인도 이용할 수 있도록 바뀌었어요. 그 결과, 지금 영국의 모든 버스는 휠체어 이용자가 탈 수 있도록 설계되어 있어요. 또, 지하철역에 승강기를 설치했고, 기차역에도 휠체어 경사로를 만들었답니다.

2. 아이슬란드의 성평등 정책

　아이슬란드는 세계에서 가장 성평등한 나라로 알려져 있어요. 2018년부터 동일 임금법을 시행하고 있는데, 이 법에 따르면 회사는 남녀 직원들에게 같은 일을 하면 같은 급여를 주고 있다는 사실을 증명해야 해요. 만약 지키지 않으면 회사는 벌금을 내야 하고요.

　이 법이 생기기 전에도 아이슬란드에서는 흥미로운 일이 하나 있었어요. 1975년 10월 24일, 아이슬란드 여성들의 90%가 하루 동안 일을 하지 않고 집에 있었다고 해요. 이날을 '여성의 휴일'이라고 불렀는데, 많은 회사와 학교, 상점이 문을 닫았고, 남성들은 아이를 돌보고 집안일을 해야 했어요. 이를 통해 사람들은 여성의 노동이 얼마나 중요한지 깨닫고 성평등을 위한 많은 정책을 만들어 냈답니다.

　아이슬란드는 이런 노력 덕분에 지금 세계에서 가장 성평등한 나라가 되었는지도 몰라요. 우리나라도 이런 사례를 참고해서 더 평등한 사회를 만들어 가려 노력하고 있어요.

양성평등 vs 성평등

양성평등은 남성과 여성, 두 성별 사이의 평등을 의미해요. 말 그대로 남녀 간의 권리와 기회의 동등함을 강조하는 개념이지요. 그런데 성평등은 모든 성별과 성 정체성을 지닌 사람들 사이의 평등을 의미해요. 이는 남성과 여성뿐만 아니라 성 소수자도 포함하는 더 포괄적인 개념이랍니다.

그래서 요즘에는 양성평등이라는 단어보다 성평등이라는 단어를 더 많이 사용해요. 다양한 성 정체성을 인정하고, 모든 사람이 평등한 권리와 기회를 누려야 한다는 인식이 커졌기 때문이에요. 이 개념은 단순히 남녀 간의 평등을 넘어서 모든 사람이 자신의 성 정체성과 관계없이 존중받고, 차별받지 않아야 한다는 생각을 담고 있어요.

그것이 더 알고 싶다!

Q 선생님, 정말 정치가 평등한 사회를 만들어 주나요?

A 그럼요! 정치는 평등한 사회를 만들기 위한 노력을 먹고 자라니까요. 차이를 인정하며 다 함께 차별 없이 살아가는 행복한 세상. 이것이 정치가 바로 선 사회의 모습이라 할 수 있어요. 어느 누구도 인종, 성별, 종교, 사상, 신분, 국적, 재산 등이 다르다는 이유로 사회에서 차별을 당하면 안 되니까요! 이런 차별을 없애야 비로소 평등을 얻을 수 있답니다. 이를 위해 정치가 많이 노력하고 있어요.

독일에는 '평등을 찾으려는 사람은 묘지로 가라'는 말이 있다고 해요. 죽은 뒤에야 모든 사람이 진정으로 평등할 수 있다는 뜻이에요. 그만큼 평등을 이루는 게 쉽지 않다는 것을 보여 주는 말이기도 하고요. 하지만 다 함께 차별을 줄이기 위해 노력할 때, 정치가 꿈꾸는 평등한 사회는 한 발 앞으로 다가올 거예요. 정치인들의 노력뿐만 아니라 우리 모두의 관심과 작은 실천이 필요해요. 평등의 중요성을 알고 일상에서 차별하지 않으려고 노력한다면, 그게 바로 평등한 사회로 가는 첫걸음이 될 거예요.

여러분도 함께 노력해 볼까요? 친구를 놀리지 않고, 약한 친구를 도와주고, 모든 사람을 똑같이 소중하게 대해 보세요. 그렇게 하나하나 쌓아가다 보면 우리가 사는 세상도 분명히 더 평등해질 거예요!

7 인간의 본성과 정치
- 성선설 vs 성악설

지훈이는 학원에 가다가 덩그러니 떨어져 있는 지갑을 주웠어요. 지갑 안에는 현금이 꽤 많이 들어 있었어요. 많은 돈을 보자, 지훈이의 머릿속에서 갑자기 천사와 악마가 나타나 말을 걸기 시작했어요.

지훈아, 지갑의 주인을 찾아줘야 해!
잃어버린 사람이 얼마나 걱정하겠어.

뭔 소리야? 이건 네 행운이야!
저 돈이면 네가 갖고 싶었던 최신 게임기를 살 수 있다고!

으음……. 그러네! 정말 딱 게임기값만큼 들어 있잖아?

하지만 그건 네 돈이 아니잖아. 옳지 않아!

에이, 찾아 줘 봤자 고맙다는 말이나 들을까?
네가 챙기면 네 인생이 달라질 거야!

지훈이는 천사와 악마의 말에 머리가 핑핑 돌다 급기야 땀까지 나기 시작했어요. 주머니 속 지갑은 천근만근 무거워지는 것 같았지요.

하……. 어떡하지?

양심의 가책 없이 편히 잠들 수 있는 길을 선택해.
천사

악마
그래, 편히 잠들어……. 새 게임기와 함께 말이지! 하하하!

2 정치는 왜 필요할까?

지훈이는 한참을 서성이다 결심한 듯 발걸음을 빠르게 옮겼어요. 조금 뒤, 경찰서에 도착한 지훈이는 무슨 일이냐고 묻는 경찰관에게 지갑의 주인을 찾아주고 싶다고 말했어요. 경찰관은 진심으로 칭찬하며 달콤한 막대 사탕을 주었어요. 비록 게임기는 사지 못했지만, 지훈이의 마음속에는 뿌듯함이 가득했답니다.

 Q 지훈이의 머릿속에는 왜 천사와 악마가 나타났을까요?

선생님, 알려 주세요!

지훈이 마음속에 천사와 악마가 나타난 것처럼, 우리 모두의 마음속에는 착한 면과 나쁜 면이 함께 있어요. 인간의 본성이 그렇게 단순하지 않기 때문이지요. 철학자들은 이미 오래전부터 '인간의 본성이 원래 선한가, 악한가'를 놓고 고민했고, 서로 다른 대답을 내놓았어요.

인간의 본성을 바라보는 관점은 크게 성선설과 성악설로 나뉘었어요. 중국의 철학자 맹자는 사람이라면 누구나 우물에 빠진 아이를 본 순간, 그 아이를 불쌍하게 여기는 마음이 생길 거라고 했어요. 이렇게 인간은 착한 본성을 지녔다고 주장하는 것을 **성선설**이라고 해요. 성선설에 따르면, 사람들은 원래 착하기 때문에 정치는 그저 본래의 선한 마음을 잘 발휘할 수 있도록 도와주고, 교육을 통해 사람들의 선한 본성을 깨우치게 하면 된다고 믿어요.

하지만 순자는 맹자와 반대로 "인간은 본래 악하게 태어났다."라고 말했어요. 이렇게 인간은 나쁜 본성을 지녔다고 주장하는 것을 **성악설**이라고 불러요. 순자는 악한 본성을 착하게 만들기 위해서는 반드시 도덕적 규범이 필요하다고 생각했어요. 성악설에 따르면, 사람들은 원래 이기적이고 나쁜 마음을 품고 있기에 정치는 이를 통제하고 규제하는 역할을 해야 한다고 했어요. 그래서 법과 제도를 통해 사람들이 나쁜 행동을 하지 못하도록 막아야 한다고 판단해요.

이렇게 철학적 고민은 정치와도 깊은 관련이 있어요. 인간의 본성을 어떻게 보느냐에 따라 어떤 정치가 필요한지 달라질 수 있기 때문이지요.

 **기억해요, 한 줄 정치 이야기!**

인간의 본성을 어떻게 보느냐에 따라 정치의 방향이 달라질 수 있어요.

인간이 원래 선한 존재라면, 아무리 나쁜 상태에 처해 있어도 언젠가는 그 선한 본성을 회복해 사회 속에서 질서를 지키며 함께 잘 살아갈 수 있을지도 몰라요. 하지만 인간이 원래 악한 존재라면, 스스로 사회 질서를 지키려고 하지 않겠지요. 그리고 모두 자기 이익만을 중요하게 여겨서 싸움이 일어나고 결국 세상은 엄청 혼란스러워질 거예요.

그래서 정치는 이 두 가지 관점을 모두 고려해야 해요. 한편으로 인간의 선한 본성을 믿고 북돋아 주면서, 다른 한편으로 이기적인 행동을 적절하게 통제해야 해요. 오늘날 대부분의 민주주의 국가들은 인간의 선함을 믿으면서도, 동시에 권력이 한 곳에 집중되면 나쁜 결과를 낳을 수 있다고 보고 있어요. 그래서 권력을 나누는 '삼권 분립' 같은 제도를 만들었답니다. 결국, 정치는 자신의 이익만을 위한 행동을 법과 제도로 통제하면서도, 동시에 함께 행복한 사회를 이루기 위한 노력을 북돋아 주는 쪽으로 나아가야 해요.

우리는 일상생활에서 선한 선택을 하려고 노력하며 동시에 규칙을 잘 지키는 습관을 키워야 해요. 그렇게 하면 모두가 행복한 사회를 이루는 데 도움이 될 거예요!

1. 삶은 고독하고 가난하다

영국의 철학자 홉스는 인간의 본성이 이기적이라고 생각했어요. 홉스는 정부가 없는 상태를 '자연 상태'라고 불렀는데, 이 상태에서 사람들은 서로를 믿지 못해서 항상 위험에 빠져 있다고 보았어요. 그래서 사람들의 삶이 고독하고 가난하며 더럽고 비참해서 오래 살지 못한다고 했어요. 그러니까, 사람들이 서로 싸우고 경쟁하느라 평화롭게 살 수 없다고요.

홉스는 이런 상황을 벗어나기 위해서 사람들이 계약을 맺어 정부를 만들었다고 주장했어요. 이게 바로 홉스의 **사회 계약론**이에요. 자신의 권리 일부를 포기하고 그 대신 안전과 평화를 얻기로 약속하는 거예요. 예를 들어, 마음대로 남의 물건을 가져갈 수 있는 권리를 포기하는 대신, 자기 물건을 안전하게 지키기로 했다는 것이지요.

홉스는 이 계약을 지키기 위해서 인간에게 강력한 통치자가 필요하다고 했어요. 이 통치자를 '리바이어던'이라고 불렀는데, 리바이어던은 성경에 나오는 강력한 바다 괴물의 이름이에요. 홉스는 이 통치자가 절대적인 권력을 가져야 한다고 생각했어요. 인간은 이기적이어서 누군가가 강제로 규칙을 지키게 하지 않으면 사회가 다시 혼란에 빠지리라 믿었거든요. 하지만 이런 생각은 나중에 절대 왕정을 정당화하는 데 잘못 이용되었답니다.

2. 고귀한 야만인

　반면, 프랑스의 철학자 루소는 인간은 본래 선하다고 생각했어요. 루소는 자연 상태의 인간을 '고귀한 야만인'이라고 불렀지요. 자연 상태에서 사람들은 평화롭고 자유롭게 살았대요. 하지만 문명이 발달하면서 사유 재산이 생기고, 이에 따라 불평등과 갈등이 생겼다고 보았어요. 누군가 처음으로 땅에 울타리를 치고 "이건 내 거야!"라고 주장하면서 불평등이 시작되었대요.

　이런 문제를 해결하기 위해 루소도 사회 계약이 필요하다고 보았어요. 하지만 루소의 사회 계약은 홉스와 달랐어요. 루소는 모든 사람이 자신의 권리를 공동체에 양도하고, 그 대신 공동체의 결정에 참여할 수 있는 권리를 얻어야 한다고 믿었어요. 이렇게 하면 모든 사람이 평등해지고 누구도 다른 사람을 지배하지 않는다고요.

　이런 사회에서는 **일반 의지**가 중요하다고 루소는 말했어요. 일반 의지란, 공동체 전체의 이익을 위한 의지를 말해요. 모든 시민이 직접 정치에 참여해서 이 일반 의지를 만들어 내야 하기에, 루소는 대의 민주주의보다 직접 민주주의를 더 좋아했어요. 마을의 중요한 결정을 할 때 대표를 뽑아서 맡기는 게 아니라, 마을 사람 모두가 모여서 직접 토론하고 결정하는 게 더 바람직하다고요.

그것이 더 알고 싶다!

Q 세상에는 악당이 정말 많은 것 같아요. 선생님은 대화가 중요하다고 했는데, 어떻게 악당과 대화가 가능해요?

A 세상은 선과 악으로만 딱 갈라져 있지 않아요.

혹시 마블 영화 좋아하나요? 선생님은 무척 좋아해요. 그런데 마블 영화를 보면 우리가 좋아하는 히어로들이 갑자기 '빌런(악당)'으로 변하는 경우가 있어요.

예를 들어, 〈캡틴 아메리카: 시빌 워〉에서는 우리의 최애 히어로 아이언맨과 캡틴 아메리카가 서로 싸우는 장면이 나와요. 둘 다 좋은 사람들인데 왜 싸울까요? 그건 바로 각자 '옳다'고 믿는 게 달랐기 때문이에요.

아이언맨은 '슈퍼 히어로들도 규칙이 필요해!'라고 생각했고, 캡틴 아메리카는 '우리는 자유롭게 세상을 구해야 해!'라고 생각했거든요. 둘 다 세상을 구하고 싶은데 방법이 달랐던 거예요. 마치 홉스와 루소가 서로 다른 생각을 품은 것과 비슷하게 말이에요.

또, 〈스파이더맨: 노 웨이 홈〉을 보면 다른 세계에서 온 스파이더맨들이 나오는데, 그중에는 악당이 된 스파이더맨도 있어요. 왜 그랬을까요? 그 스파이더맨은 사랑하는 사람을 잃고 너무 슬퍼서 그만 나쁜 길로 빠져버리고 말았어요. 좋은 사람도 나쁜 상황에 처하면 잘못된 선택을 할 수 있다는 걸 알 수 있지요.

이런 마블 영화 속 이야기들은 우리에게 무엇을 이야기해 주는 걸까요?

첫째, 사람은 완벽하지 않아요. 히어로라고 해서 항상 옳은 일만 하지는 않아요. 둘째, 상황에 따라 사람이 변할 수 있어요. 좋은 사람도 나쁜 선택을 할 수 있고, 나쁜 사람도 좋은 선택을 할 수 있어요. 셋째, 우리 모두 안에는 선과 악이 공존해요. 우리가 어떤 선택을 하느냐가 중요하지요.

완전한 악당은 없어요. 모든 사람에게는 각자 그럴 만한 이유가 있고, 그 이유를 이해하려 노력하면 대화의 가능성이 열려요. 그러니 우리는 끝까지 대화하려 노력해야 해요. 물론 대화가 항상 쉽지는 않겠지만, 서로를 이해하려는 노력 없이는 평화로운 세상을 만들 수 없어요. 히어로들이 힘을 합쳐 세상을 구하듯, 우리도 서로 이해하고 협력해야 더 나은 세상을 이룰 수 있답니다.

❽ 나라의 주인은 누구일까?

❾ 국민의 권리와 의무

❿ 민주주의 국가의 기초, 삼권 분립

⓫ 선거의 달인 되기

3장 국가와 정치

 8 나라의 주인은 누구일까?

한나네 가족은 저녁 식사를 하며 TV를 보고 있었어요. 그때, 뉴스에서 어떤 사람이 '국민 제안'을 했다는 이야기가 나왔어요. 한나는 국민 제안이라는 단어가 궁금해져서 아빠에게 물어봤어요.

 아빠, 뉴스에서 국민 제안이라는 말이 나왔어요. 그게 뭐예요?

 아~ 국민 제안은 더 좋은 나라를 만들기 위한 아이디어를 국민이 정부에 제안하는 거야.

 정말요? 그럼 저도 할 수 있어요?

 당연하지! 실제로 어린 학생이 낸 아이디어가 법으로 정해진 적도 있어.

 와, 대단하다! 어떤 제안이었는데요?

 2002년에 초등학생들이 살색이라는 색의 이름을 바꾸자고 제안했대. 살색이 특정 피부색만을 대표하는 것 같아서 문제가 있다고 생각했거든.

 그래서요?

 이 의견이 받아들여져서 크레파스 회사들이 살색 대신 살구색으로 이름을 바꾸게 되었지.

한나는 무척 신기했어요. 그런 일은 대통령이나 국회의원들만 하는 줄 알았거든요. 신기해하는 한나에게 아빠는 작은 변화지만 매우 의미 있는 일이었다고 말해줬어요. 우리나라에 사는 모든 사람을 존중하는 방향으로 바뀐 것이라면서요. 문득, 한나는 좋은 생각이 떠올랐어요.

 제 생각에는 모든 초등학교에 놀이터를 더 만들면 좋겠어요. 그럼 아이들이 더 행복해질 것 같아요!

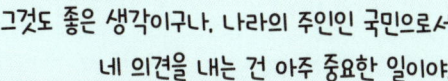 
그것도 좋은 생각이구나. 나라의 주인인 국민으로서 네 의견을 내는 건 아주 중요한 일이야.

 제가 나라의 주인이라고요?

그럼! 한나도 우리나라의 소중한 주인이란다. 앞으로 우리나라를 위해 좋은 생각이 있으면 언제든 말해 보렴.

선생님, 알려 주세요!

　국민 제안 제도를 통해 어린 학생들의 의견도 나라를 변화시킬 수 있어요. 이렇게 국민이 나라의 주인 역할을 하는 것을 **국민 주권**이라고 해요. 앞에서도 이야기했듯이, 대한민국의 주권은 국민에게 있고 모든 권력은 국민으로부터 나와요. 민주주의 정치는 국가의 주인이 국민이며, 국민을 위해 정치가 이루어지는 제도예요. 그렇기에 다음과 같은 세 가지 원리를 따르고 있어요.

　첫째, 국가의 주인은 국민이에요. 민주 국가에서는 대통령, 국회의원 등 국민이 뽑은 대표자가 국민의 의견을 받아들여 국가의 중요한 일을 결정해요. 둘째, 국가 권력을 나누어 가져요. 국회, 행정부, 법원이 국가 권력을 나누어 갖고, 일도 나누어 맡아요. 국회에서는 주로 법을 만들어서 정하고, 행정부에서는 정책을 결정해 집행하고, 법원에서는 재판을 해요. 셋째, 법에 따라 나라를 다스려요. 국민의 권리를 보호하기 위해 국민의 권리와 의무를 법으로 정해놓고, 재판도 법에 따라 이루어져요. 국가 정책도 대통령 마음대로 정하는 게 아니라 국민의 의견을 받아들여 법에 맞게 결정하는 거예요.

　중요한 한 가지, 국가 권력을 나누어 법에 따라 나라를 다스리더라도 만약 주인인 국민의 뜻에 반하는 정치를 하게 되면 국민이 반대할 수 있어요. 예를 들어, 2016년 촛불집회 때 많은 국민들이 광장에 모여 당시 대통령의 잘못된 행동에 대해 의견을 표현했어요. 국민이 주권을 행사할 수 있다는 것을 아주 잘 보여 주었지요.

 **기억해요, 한 줄 정치 이야기!**

국민 주권은 민주주의의 가장 기본적인 원칙이에요.

국민 주권이 없다면 '국민의, 국민에 의한, 국민을 위한 정치'의 민주주의는 이뤄질 수 없어요. 국민 주권은 한 사람이나 집단이 너무 큰 힘을 갖는 것을 막을 수 있어요. 그래서 아무리 대통령이라도 국민의 뜻을 함부로 무시할 수 없지요. 또, 국민 주권 덕분에 국민의 권리가 더 잘 지켜질 수 있어요. 누구나 자유롭게 의견을 말하고, 원하는 직업을 선택하고, 교육을 받을 수 있어요. 나라의 주인이라는 생각이 들면 정치에 더 관심을 갖게 돼요. 그래서 선거 때 누구를 뽑을지 열심히 알아보고, 중요한 정책을 정할 때 의견을 내고 싶은 마음이 생기지요.

국민 주권을 통해 다양한 국민의 의견이 정치에 반영된다면, 더 나은 사회를 이룰 수 있을 거예요.

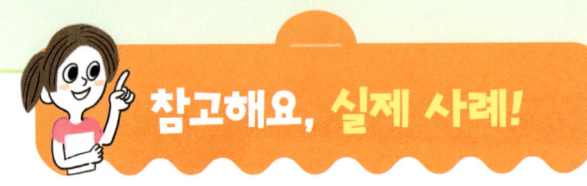

국민 청원과 정치 참여

2023년부터 국민 누구나 국회 홈페이지에 청원을 올릴 수 있어요. 청원 내용이 30일 동안 10만 명 이상의 동의를 받으면 국회에서 검토를 시작해요. 그러면 국회의원들이 이 청원을 바탕으로 입법 활동을 할 수 있어요. 이 제도의 장점은 국민들이 직접 정책을 제안할 수 있고, 많은 사람들의 지지를 받은 의견으로 실제 법률을 만들거나 정책을 변화시킬 수 있다는 점이에요.

이전에는 '청와대 국민 청원' 제도가 있었어요. '민식이법'이라고 들어봤나요? 이 법은 2019년 청와대 국민 청원 플랫폼을 통해 논의가 시작되어 제정된 법이에요. 어린이 보호구역에서 교통사고로 사망한 김민식 군의 사고를 계기로, 어린이 보호구역 내 안전 강화를 위한 법이 만들어졌어요. 국민들의 목소리가 모여 실제 법률로 이어진 좋은 사례지요.

여러분도 학교나 동네에서 개선했으면 하는 점이 있다면, 친구들과 함께 의견을 모아 청원을 제출해 볼 수 있어요. 여러분의 작은 목소리가 모여 세상을 바꾸는 큰 힘이 될 수 있답니다!

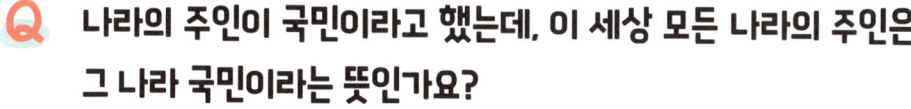

Q 나라의 주인이 국민이라고 했는데, 이 세상 모든 나라의 주인은 그 나라 국민이라는 뜻인가요?

A 그렇게 생각할 수 있겠네요! 사실 모든 나라가 그렇지는 않답니다. 역사적으로 보면 나라마다 정치 제도가 달랐고 시간이 지나면서 많이 변해 왔어요.

옛날에는 대부분 왕이나 여왕이 나라를 다스리는 군주 정치를 했어요. 그때는 출신에 따라 계층을 나누는 '신분 제도'가 있어서 태어날 때부터 귀족인지 평민인지 정해졌어요. 왕의 말이 곧 법이었고, 왕은 자기 마음대로 나라를 다스릴 수 있었어요. 그 이후, 독재 정치를 하는 나라가 많이 생겨났어요. 한 사람이나 소수의 그룹이 권력을 독차지하고 자기 마음대로 나라를 다스렸지요. 이들은 다른 사람들과 상의하지 않고 자기들끼리만 모든 결정을 내리며, 국민들의 의견은 무시했답니다. 히틀러가 독일을 다스렸을 때 그랬어요. 일본이 군국주의❹를 택했을 때도 비슷했지요. 하지만 지금은 많은 나라들에서 민주주의 정치를 해요. 국민들이 투표로 대표자를 뽑고, 그 대표자들이 국민의 뜻에 따라 나라를 이끌어가요.

그런데 여기서 중요한 점! 민주주의 국가라고 해서 항상 국민이 주인 노릇을 하는 건 아니에요. 가끔은 민주주의 국가도 독재의 길로 빠질 수 있어요. 왜 그럴까요? 국민들이 정치에 관심을 갖지 않거나 참여하지 않으면, 소수의 사람들이 권력을 독차지할 수도 있거든요. 그리고 국민의 자유와 권리

❹ 국가의 가장 중요한 목적을 군대의 힘에 의한 대외적 발전에 두고, 전쟁과 전쟁 준비를 위한 정책에 초점을 맞추는 생각.

를 보장하는 법과 제도가 허술하면, 한 사람이나 한 집단이 너무 큰 힘을 갖게 될 수도 있고요. 사람들이 당장의 편안함이나 안전을 위해 자유를 포기하면 민주주의는 무너질 수 있답니다. 어떤 길로 나아가느냐는 우리의 선택에 달려 있어요. 국민들이 관심을 갖고 참여할 때, 우리는 진정한 민주주의의 길로 갈 수 있어요. 그래서 우리 국민들이 항상 깨어 있어야 해요.

정치는 통치의 기술일까? 타협의 기술일까?

정치를 바라보는 시각은 시대에 따라 변해 왔어요. 옛날에는 나라를 다스리는 것, 즉 '통치'로 보는 사람들이 많았어요. 그래서 민주주의가 등장하기 전에는 군주가 국가를 실질적으로 다스렸어요. 군주가 신을 대신해 인간을 통치해야 한다고 믿기도 했답니다.

마키아벨리도 그런 생각을 했던 사람 중 하나예요. 마키아벨리는 인간을 아주 냉소적으로 바라봤어요. 인간은 본래 위선적이고 배은망덕하며, 위험 앞에 몸을 사리고, 물질에 대한 욕심에 눈이 먼 속물이라고 생각했어요. 그래서 이렇게 말했어요. "인간은 사악한 존재이다. 그러므로 사악한 인간을 다스리는 군주는 사자와 같은 사나움과 여우와 같은 간교함이 있어야 한다."

반면, 민주주의 국가는 정치를 '사회 구성원들의 다양한 요구와 의견을 존중하고, 갈등이 생겼을 때 대화와 타협을 통해 문제를 해결해 나가는 것'이라고 보고 있어요. 그러니까 정치는 타협의 기술이라 할 수 있지요.

Q 국가는 왜, 언제부터 생겨난 거예요? 국가가 도대체 무엇인가요?

A 국가가 어떻게 생겨났는지 정확히 알려면 타임머신을 타고 아주 먼 과거로 가봐야 할지도 몰라요. 그래도 우리가 짐작해 볼 수는 있겠지요?

아주 오래전, 인간은 정말 약한 존재였어요. 사자나 호랑이처럼 날카로운 이빨도 없고, 새처럼 하늘을 날 수 있는 날개도 없었지요. 그래서 사람들은 함께 모여 살면 더 안전하고 유리하리라고 생각했어요. 하지만 여러 사람이 모여 살다 보면 갈등과 다툼이 생겨날 수밖에 없었어요. '어떻게 하면 이 갈등을 해결하고 모두가 평화롭게 살 수 있을까?' 생각했고, 사람들은 '규칙'을 만들었어요. 규칙과 모두의 안전을 지키려면 조직이 필요했지요. 바로 이게 국가의 시작이에요!

그러니까 국가란, 일정한 영역에 살고 있는 사람들이 평화롭고 안전하게 살 수 있도록 만든 큰 조직이라고 할 수 있어요. ==국가는 나라에 사는 사람들(국민), 나라가 차지하고 있는 땅(영토), 나라를 다스릴 수 있는 힘(주권) 이렇게 세 가지로 이루어져 있어요.== 주권은 국가가 지닌 특별한 힘이에요. 이 힘으로 국가는 국민들에게 법을 지키라고 말할 수 있고, 다른 나라가 우리 일에 참견하려고 하면 "안 돼, 우리 일은 우리가 알아서 할 거야!"라고 말할 수 있어요. 그리고 민주주의 국가에서는 그 주권이 국민에게서 나오는 것이고요!

3 국가와 정치

국민의 권리와 의무

 영하는 길을 걷다가 사람들이 '교육은 기본권이다!'라고 적힌 피켓을 들고 시위하는 모습을 보았어요. 어떤 사람들은 '우리 아이들의 기본권을 지켜주세요!'라고 외쳤지요. 기본권이 무엇인지 궁금해진 영하는 다음 날 학교에서 선생님께 물어보았어요.
 "선생님, 기본권이 뭐예요? 제 기본 실력을 말하는 건가요?"
 "기본권은 네가 태어나면서부터 갖는 슈퍼 파워 같은 거야."
 이에 영하가 눈을 반짝이며 물었어요.
 "와, 그럼 제가 슈퍼 히어로인 거예요?"

"그렇지! 예를 들어, 너는 '공부할 수 있는 파워'와 '자유롭게 말할 수 있는 파워'를 지니고 있어. 이건 아무도 뺏어 갈 수 없는 너만의 특별한 힘이야."

영하는 고개를 끄덕였어요. 그러다 문득 생각나 물었어요.

"선생님! 그러면 '학교에 안 갈 수 있는 파워'도 제 기본권인가요?"

선생님은 깜짝 놀라 웃음을 터뜨리셨어요.

"하하. 영하야, 그건 좀 특별한 경우에만 써먹을 수 있는 파워란다!"

 기본권이란 무엇인가요?

선생님, 알려 주세요!

옛날 노예들은 인간으로서 당연히 누려야 할 권리를 보장받지 못했어요. 주인이 시키는 대로 일을 해야 했고, 노예를 사거나 팔 수 있었기 때문에 존엄성을 인정받지 못했어요. 하지만 민주주의 국가는 법으로 **기본적인 권리**를 정해 놓고 있어요. 누구나 태어날 때부터 인간으로서 소중한 가치, 즉 '천부적 인권'을 지니고 있기 때문이지요. 기본적인 권리(기본권)는 총 다섯 가지예요.

① **자유권**: 개인의 자유를 침해당하지 않을 권리를 말해요. 신체의 자유, 거주 이전의 자유, 종교의 자유, 언론·출판의 자유, 직업 선택의 자유, 사유 재산권 행사의 자유 등이 있어요.

② **평등권**: 모든 국민은 법 앞에 평등해요. 누구도 모든 영역에서 차별받지 않을 권리가 있어요. 차별이란, 나와 다르다고 놀리거나 따돌리거나 불이익을 주는 행동이에요.

③ **사회권**: 국민이 인간다운 생활을 할 수 있도록 국가에 요구할 수 있는 권리예요. 국가는 국민이 인간다운 생활을 할 수 있도록 노력할 의무가 있어요. 근로권, 교육권, 환경권 등이 여기에 포함돼요.

④ **참정권**: 국민이 정치에 참여할 수 있는 권리예요. 민주 국가에서는 참정권이 국민이 나라의 주인이라는 사실을 대표적으로 보여 주지요.

⑤ **청구권**: 국민이 국가에 대해 일정한 청구를 할 수 있도록 헌법이 보장하고 있는 기본권이에요.

그런데 권리에는 당연히 책임이 따라요. 누려야 할 권리가 있는 반면, 지켜야 할 의무도 있답니다. 내 권리를 당당히 누리기 위해서는 **국민의 4대 의무**도 성실히 수행해야 해요.

① **납세의 의무:** 세금을 내야 해요.
② **국방의 의무:** 나라를 지키는 일에 참여해야 해요.
③ **교육의 의무:** 아이들은 교육을 받아야 해요.
④ **근로의 의무:** 일할 수 있는 사람은 열심히 일해야 해요.

여기에 '환경 보전의 의무'도 있어요. 비록 헌법에 명시된 의무는 아니지만, 요즘 같은 환경 위기의 시대에 우리 모두가 환경을 보호하는 일이 매우 중요해졌거든요!

기억해요, 한 줄 정치 이야기!

권리와 의무는 동전의 양면이에요.

우리가 권리를 누리려면 그에 따르는 의무도 함께 해야 합니다. 가족 구성원으로서 가정에 필요한 일을 나눠서 하지 않으면 생활이 어렵고 불편한 것처럼, 개인이 사회생활을 하면서 꼭 해야 하는 일을 의무라고 해요.

꼭 지켜야 하는 의무는 법이에요. 법은 국민의 대표 기관인 국회에서 국민의 뜻을 반영해 만들어요. 우리가 법을 잘 지킬 때, 공동체의 안정과 질서가 유지되고 개개인의 자유와 권리가 충분히 보장될 수 있답니다. 그리고 인권 보호에 앞장서야 해요. 인간답게 살아갈 권리를 인권이라고 해요. 인권을 누리지 못하는 사회적 약자가 있다면 사회 전체가 관심을 가지고 도와주어야 하고요.

▼ **헌법 제10조**
모든 국민은 인간으로서의 존엄과 가치를 가지며, 행복을 추구할 권리를 가진다. 국가는 개인이 가지는 불가침의 기본적 인권을 확인하고 이를 보장할 의무를 진다.

1. 개인 정보 보호와 프라이버시권

　2018년, 미국에서 큰 사건이 일어났어요. 페이스북이라는 회사가 개인 정보를 제대로 보호하지 않아 8,700만 명의 개인 정보가 유출됐어요. 많은 사람들은 자신의 개인 정보가 잘못 사용될까 봐 걱정했어요. 이 일 때문에 미국 정부는 페이스북에 50억 달러라는 엄청난 벌금을 물렸어요. 그리고 개인정보보호법을 더 강하게 만들었어요. 국민의 프라이버시권을 지키기 위한 노력이었지요.

　프라이버시권이란, 자신의 개인 정보와 사생활이 남에게 함부로 알려지지 않도록 보호받을 수 있는 권리를 말해요. 쉽게 말해, 내 비밀이나 개인적인 정보를 나의 허락 없이 다른 사람이 보거나 사용하지 못하도록 지켜 주는 권리랍니다.

　이 사건 이후로 전 세계 사람들이 개인 정보 보호에 더 관심을 갖게 됐어요. 우리나라에서도 개인정보보호법을 더 꼼꼼하게 만들었어요. 이렇게 한 나라의 사건이 전 세계 사람들의 권리를 지키는 데 영향을 줄 수 있어요.

2. 코로나19와 건강권

2019년 말, 코로나19라는 신종 바이러스가 나타나 거미줄처럼 촘촘히 얽힌 지구촌 전체에 빠르게 퍼졌어요. 대한민국 정부는 발 빠르게 사회적 거리 두기, 마스크 의무 착용과 같은 국민 행동 지침을 정했고, 많은 국민이 시민 정신을 발휘해 함께 했어요. 다 같이 노력한 덕분에 우리나라는 상대적으로 피해가 크지 않았지요.

반면, 유럽이나 미국은 개인의 자유를 이유로 마스크 착용을 거부해서 코로나19를 더 확산시켰어요. 이 사례는 개인의 자유와 공동체의 안전 사이에서 균형을 찾는 게 얼마나 중요한지 보여 줬어요. 우리나라 국민들은 힘든 상황에도 개인의 권리와 공동체의 이익 사이에서 현명한 선택을 했지요.

하지만 이 과정에서 개인의 사생활 침해 문제도 있었어요. 코로나19에 걸린 사람이 다닌 경로를 공개하는 과정에서 개인 정보가 노출되었거든요. 이 문제는 국민의 건강권과 프라이버시권 사이의 균형을 어떻게 맞출 것인지 중요한 질문을 던졌어요.

코로나19 사례는 국가가 국민의 건강권을 지키기 위해 어떤 역할을 해야 하는지, 그 과정에서 다른 기본권은 어떻게 보호해야 하는지 많은 생각을 불러일으켰어요. 이처럼 국민의 권리를 지키는 일은 아주 복잡하고 중요한 일이에요.

그것이 더 알고 싶다!

 우리가 권리와 의무를 잘 알아야 하는 이유는 무엇인가요?

A 바로 자신의 권리를 지킬 수 있기 때문이에요. 권리를 잘 알면 여러분이 좋아하는 장난감을 다른 친구가 가져가려고 할 때, "이건 내 거야!"라고 당당하게 말할 수 있어요. 또, 친구들이 일기장을 몰래 보려고 하면 "안 돼! 이건 내 프라이버시야!"라고 떳떳하게 말할 수 있겠지요.

또, 자신의 권리만큼 다른 사람의 권리도 소중하다는 것을 알게 돼요. 학급 회의 시간에 여러분이 의견을 말할 수 있듯이 다른 친구들도 자기 의견을 말할 권리가 있어요. 모두의 이야기를 잘 들어주는 것도 권리를 존중하는 행동이랍니다. 그래야 책임감 있는 시민이 될 수 있어요.

민주주의를 지킬 수도 있어요. 권리와 의무를 실천하는 시민이 많을수록 민주주의가 더 튼튼해지거든요. 민주주의는 마치 한 그루 나무 같아요. 우리가 권리와 의무를 지키는 것은 이 나무에 물을 주고 거름을 주는 것과 같아요.

마지막으로 사회 문제에 관심을 가질 수 있어요. '공부할 권리'가 있다는 걸 알게 되면, 학교에 다니지 못하는 이웃 나라 친구들이 궁금해질 거예요. 이런 관심이 모이면 구체적인 해결 방안을 모색하고 실천으로 이어질 수 있겠지요.

3

국가와 정치

10 민주주의 국가의 기초, 삼권 분립

 예지는 학교 체험 학습으로 대법원 견학을 갔어요. 반 친구들과 함께 대법원 앞에 서자 친구들이 웅성거리기 시작했어요. 거기엔 법전을 들고 있는 동상이 있었어요.

(민수) 와, 저게 뭐야? 이상한 여자 동상이네!

저건 정의의 여신상이래. 근데 좀 특이해 보여.
(예지)

(선생님) 맞아요. 우리나라 정의의 여신상은 좀 특별해요.
눈가리개를 하지 않고 칼 대신 법전을 들고 있어요.

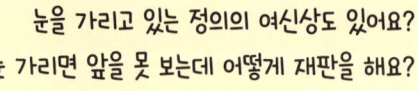
눈을 가리고 있는 정의의 여신상도 있어요?
눈 가리면 앞을 못 보는데 어떻게 재판을 해요?

(민수)

(선생님) 다른 나라에서는 선입견 없이 재판하겠다는 의지로
눈가리개를 하고 있어요.
하지만 우리나라 여신상은 법전을 꼼꼼히 읽고
공정하게 판단하겠다는 뜻으로 눈을 뜨고 있어요.

아하! 그럼 이 여신상은 '나는 어느 누구의 말도 듣지 않고
오직 법만 볼거야'라고 말하는 거네요?
(예지)

정확해요! 그건 바로 사법부의 독립을 의미해요.

사법부의 독립? 그게 뭐예요?

사법부가 다른 어떤 힘에도 영향을 받지 않고 오직 법에 따라 공정하게 판단한다는 뜻이에요.

와~ 정말 멋있어요! 저도 정의의 여신상처럼 공정한 사람이 되고 싶어요!

　궁금증을 해결한 예지와 친구들은 눈을 반짝이기 시작했어요. 동상 하나에 이렇게 멋진 뜻이 담겨 있다는 것도 신기했고, 자신들도 그런 멋진 사람이 되고 싶었기 때문이지요. 아이들은 두근거리는 마음을 안고 대법원에 들어갔답니다.

여러분! 법원도 정치에서 아주 중요한 역할을 한다는 사실, 알고 있나요?

옛날에는 왕 한 사람이 법도 만들고, 나라도 다스리고, 재판도 했어요. 그런데 이렇게 한 사람이 모든 힘을 독차지하면 어떻게 될까요? '절대적인 권력은 반드시 부패한다!'라는 유명한 말처럼, 한 사람한테 너무 큰 힘이 있으면 그 힘을 마음대로 쓸 가능성이 높아요.

그래서 우리나라에는 삼권 분립이라는 제도가 있어요. '삼권'은 세 개의 권력을, '분립'은 나누어 세운다는 것을 뜻해요. 쉽게 말해, 나라를 다스리는 힘을 셋으로 나누는 거예요. 법을 만드는 일, 나라를 다스리는 일, 재판하는 일을 서로 다른 기관이 맡아요. 이렇게 하면 서로 견제하고 균형을 맞출 수 있어요.

삼권 분립은 마치 세 명의 친구가 균형 잡기 게임을 하는 것과 비슷해요. 세 친구가 서로의 어깨에 손을 얹고 삼각형 모양으로 서 있다고 상상해 보세요. 이때 한 친구가 휘청거리면 다른 두 친구가 힘을 모아 균형을 잡는 것처럼, 삼권 분립에서도 한쪽이 너무 큰 힘을 갖거나 잘못된 결정을 하려고 하면 다른 두 기관이 바로잡을 수 있어요. 서로 견제하고 균형을 맞추면서 어느 한쪽에 힘이 치우치지 않게 한답니다.

기억해요, 한 줄 정치 이야기!

삼권 분립은 권력이 집중되는 것을 막아 국민의 자유와 권리를 지키려는 민주주의 제도예요.

입법부, 행정부, 사법부가 함께 권력을 나누어 갖고 있어요.

입법부는 국회예요. 선거를 통해 뽑힌 국회의원들이 국회에 모여 국민을 위한 법을 정해요. 또, 나라 살림에 필요한 예산을 꼼꼼히 살펴보고, 어디에 얼마를 쓸지 함께 결정해요. 행정부가 일을 잘하는지 감시하고 견제하는 역할도 한답니다. 대통령이 중요한 결정을 할 때 동의하거나 반대하는 권한도 있어요.

행정부는 정부예요. 대통령이 행정부의 대표이고, 그 아래에 국무총리와 각 부서의 장관이 있어요. 행정부는 국회에서 만든 법을 시행하고, 나라의 중요한 일을 효과적으로 처리하기 위해 국민에게 지시를 내릴 수 있어요. 이런 힘을 공권력이라고 불러요. 예를 들어, 한 집단이 사회 질서를 어지럽힌다면 정부는 공권력으로 경찰을 불러 문제를 해결할 수 있어요.

사법부는 법원이에요. 법에 따라 판결을 내려 사회 질서를 유지하는 일을 해요. 우리나라에는 최고법원인 대법원과 그 아래에 고등법원, 특허법원, 지방법원, 가정법원 등이 있어요. 일반 법원과는 별도로 헌법에서 보장하는 기본권을 침해하였는지, 법률이 헌법에 어긋나는지를 판정하는 헌법재판소도 있어요.

1. 미국의 워터게이트 사건

　1972년, 공화당 출신인 닉슨 대통령의 측근들이 민주당 본부에 몰래 침입해 도청 장치를 설치한 사건이 벌어졌어요. 처음엔 대통령이 모르는 일이라고 시치미를 뗐지만, 의회가 조사를 시작하고 언론도 이 사건을 파헤쳤어요. 대법원은 대통령이 있는 백악관에 증거를 제출하라고 명령했고, 결국 닉슨 대통령이 이 일에 관여했다는 게 밝혀졌지요. 그래서 의회는 대통령 탄핵 절차를 시작했어요. 결국 닉슨은 1974년에 스스로 대통령 자리에서 물러났답니다. 미국에서 삼권 분립의 원리가 실제로 작동한다는 사실을 잘 보여 주는 사건이었어요.

2. 프랑스의 노란 조끼 시위

　2018년 11월, 기름값(휘발유, 경유 등)에 붙는 세금을 올리겠다는 정책에 많은 프랑스 사람들이 반대해 대규모 시위를 일으켰어요. 시위대가 노란 조끼를 입어서 '노란 조끼 시위'라고 불렸지요. 에마뉘엘 마크롱 대통령은 처음에 이 정책을 밀고 나가려 했지만, 시위가 계속되고 의회와 여론의 압박이 거세지자 결국 기름값을 올리겠다는 정책을 철회했어요. 그리고 국민들의 의견을 듣는 대토론회를 열어 국민들과 직접 소통하려 노력했어요. 이것으로 행정부가 독단적으로 정책을 추진할 수 없고, 국민의 의견과 의회의 견제를 무시할 수 없다는 걸 잘 알 수 있었답니다.

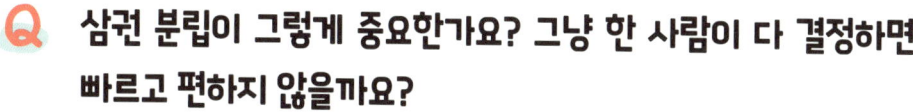

Q 삼권 분립이 그렇게 중요한가요? 그냥 한 사람이 다 결정하면 빠르고 편하지 않을까요?

A 아하, 재미있는 질문이네요! 한 사람이 모든 일을 결정하면 빠를 수는 있겠지요. 하지만 정말 좋은 방법일까요? 만약 반장이 모든 걸 혼자 결정한다고 생각해 보세요. 청소 시간, 자리 배치, 심지어 급식 메뉴까지요! 어떨 것 같나요? 아마 불공평하다고 느끼겠지요. 그래서 삼권 분립이 중요하답니다.

삼권 분립은 다섯 가지 중요한 역할을 해요.

먼저, 권력 남용을 막아줘요. 반장이 모든 일을 결정하지 못하게 하는 것처럼, 한 사람이나 한 기관이 너무 큰 힘을 갖지 못하게 해줘요. 그리고 국민의 자유와 권리를 보호해요. 한 기관이 권리를 보호하지 못하는 잘못된 결정을 하려고 하면 다른 기관이 막을 수 있어요. 더 나은 정책을 만들 수도 있어요. 마치 친구들이 서로 의견을 내면서 더 좋은 아이디어가 나오는 것처럼 말이에요. 또, 민주주의가 발전해요. 삼권 분립은 민주주의의 기본 원칙으로, 모든 사람의 의견이 중요하다는 것을 보여 주지요. 마지막으로, 정치적 안정을 얻게 돼요. 마치 세 발 달린 의자가 두 발 달린 의자보다 더 안정적인 것처럼 말이에요.

결국 삼권 분립은 우리 모두가 더 자유롭고 공평한 나라에서 살 수 있게 해주는 중요한 제도랍니다!

선거의 달인 되기

　소심한 성격의 지호는 용기를 내어 학급 회장 선거에 나갔어요. 평소에 책 읽기를 좋아하기도 하고, 책 읽기가 중요하다고 생각해서 다음과 같이 공약을 발표했어요.
　"우리 반에 도서 코너를 만들어 책 읽는 즐거움을 나누겠습니다!"
　그러자 반에서 제일 인기 많은 유준이가 벌떡 일어나서 말했어요.
　"야, 지호야! 요즘 누가 책을 읽어? 차라리 컴퓨터 시간을 늘려달라고 해!"
　교실에 웃음소리가 터져 나왔어요. 지호는 얼굴이 빨개졌지만, 떨리는 목소리로 다시 말했어요.
　"책을 읽으면 상상력도 키울 수 있고 생각하는 힘도 커져요. 그리고 우리가 함께 책을 읽으면 더 재미있을 거예요!"
　이번엔 뒤에서 수군거리는 소리가 들렸어요.
　"아, 진짜 재미없겠다."
　"차라리 급식 시간을 늘려준다고 했으면 좋았을걸……."
　지호는 주눅이 들었지만 포기하지 않았어요. 쉬는 시간마다 친구들에게 다가가 자기 생각을 설명했어요.

"우리가 함께 책을 읽으면 더 재미있을 거야. 너희가 좋아하는 만화책도 있고, 추리 소설도 있고……."

드디어 반장 선거하는 날, 놀랍게도 지호가 반장으로 당선됐어요! 친구들은 지호의 진심이 통했다며 축하해 주었지요.

당선 뒤, 지호는 자신의 공약을 지키기 위해 열심히 노력했어요. 선생님께 허락을 받고, 집에서 읽지 않는 책을 가져오자고 제안했어요. 또한 점심시간마다 조금씩 시간을 내어 친구들과 함께 교실 뒤편에 작은 책장을 만들었지요.

한 달 뒤, 지호네 반에는 다양한 책이 꽂힌 아담한 도서 코너가 생겼어요. 처음엔 시큰둥하던 친구들도 하나둘 책을 읽기 시작했어요.

주원이가 말했어요.

"야, 지호야. 네가 추천해 준 추리 소설 재밌더라. 다음 책은 언제 가져와?"

쉬는 시간마다 책을 읽는 친구들이 늘어나고, 서로 책을 추천하며 대화도 많아졌어요. 심지어 컴퓨터 시간에 책 이야기로 떠들다 선생님께 혼나는 친구들도 생겼답니다.

지호는 약속을 지키기 위해 열심히 노력했고, 그 결과 친구들의 신뢰를 얻었어요. 작은 변화였지만, 반 분위기는 전교에서 최고가 되었어요.

　지호는 처음에 소심했지만 꾸준히 노력해서 결국 친구들의 마음을 움직이고 신뢰를 얻었네요! 인기 있는 공약이 아니라 정말 필요한 공약을 내세우고, 당선되고 나서도 약속을 지키기 위해 노력하는 게 얼마나 중요한지 잘 알겠지요?

　선거는 민주주의의 가장 기본이 되는 활동이에요. 우리가 나라의 주인으로서 대표를 뽑는 중요한 일이지요. 어떻게 하면 선거의 달인이 될 수 있을까요?

　먼저, 후보자에 대해 잘 알아봐야 해요. 후보들이 어떤 공약을 내걸었는지 꼼꼼히 살펴보고 실현 가능한지, 어떤 영향을 미칠지 생각해 봐야 해요. 지호가 책 읽기의 중요성을 설명했던 것처럼 후보들의 공약에 어떤 의미가 있는지 이해하려 노력해야 해요.

　그리고 후보들을 비교하며 생각해야 해요. 누구의 정책이 더 현실적인지, 누구의 계획이 더 구체적인지 따져 보는 것이지요. 처음에 컴퓨터 시간을 늘리자는 의견에 끌렸지만, 결국 독서의 중요성을 이해한 친구들처럼요.

　또, 나만의 기준을 세워야 해요. 좋은 대표자의 조건이 뭘까요? 우리 지역 문제를 잘 아는 사람, 약속을 꼭 지키는 사람 등 여러분만의 기준을 만들어 후보들을 평가해 보세요. 지호가 보여 준 성실함과 끈기도 좋은 기준이 될 수 있겠지요? 주변 사람들과 선거에 관해 대화를 나눠 보는 것도 좋아요. 다양한 의견을 들으면 새로운 시각을 얻을 수 있으니까요.

　그 안에 공정한 마음가짐도 지녀야 해요. 모든 후보를 공평하게 살펴봐야 해요. 친구들이 처음에는 인기 있는 유준이의 의견에 끌렸지만, 결국 진심을 보고 판단한 것처럼 말이에요.

반장 선거부터 나중에 진짜 투표에 참여할 수 있을 때까지 이 내용을 잘 기억하면, 여러분도 나중에 훌륭한 유권자가 될 수 있을 거예요!

기억해요, 한 줄 정치 이야기!

현명한 한 표가 더 나은 미래를 앞당길 수 있어요!

선거의 달인이 되면 우리는 더 나은 대표를 뽑을 수 있어요. 능력 있고 정직한 사람들이 뽑히면 우리나라가 더 좋은 방향으로 발전할 수 있겠지요. 우리의 현명한 선택이 정치를 변화시킬 수 있답니다!

또한, 우리가 선거에 관심을 두면 둘수록 정치인도 달라질 수밖에 없어요. 부모님의 애정 어린 관심과 격려가 있으면 숙제를 더 열심히 하는 것처럼, 정치인들도 국민들이 지켜보고 있다는 걸 알면 더 열심히 일할 거예요.

선거는 우리의 목소리를 정치에 반영할 수 있는 중요한 기회예요. 농부, 회사원, 학생 등 다양한 사람들의 의견이 정치에 반영되면, 다양한 사람들을 위한 더 많은 정책이 탄생할 수 있어요.

선거의 달인이 되는 과정은 우리가 성숙한 시민으로 나아가는 디딤돌이기도 해요. 후보자들의 정책을 살펴보고 우리 사회의 문제점을 생각해 보면 우리는 더 책임감 있고 현명한 사회 구성원으로 성장할 수 있어요.

1. 청소년 모의 선거

2022년 대선 때 전국 고등학교에서 '청소년 모의 선거'가 열렸어요. 실제 투표권은 없지만, 많은 학생들이 참여해서 진짜 선거처럼 투표를 했지요. 투표 결과도 실제 선거와 비슷했대요. 이런 경험을 통해 청소년들이 정치와 선거에 더 관심을 갖게 됐어요.

미국에서도 비슷한 프로그램이 있어요. '키즈 보팅 USA'라고 하는데, 전국의 학생들이 대통령 선거 전에 모의 투표를 해요. 2020년에는 무려 750만 명의 학생들이 참여했대요. 멋지지 않은가요?

2. 중앙선거관리위원회(선관위)의 올바른 선거 교육

중앙선거관리위원회(선관위)에서는 '민주주의 선거 교실'이라는 프로그램을 운영하고 있어요. 이 프로그램을 통해 선거의 역사, 투표 방법, 민주주의의 중요성 등을 배울 수 있지요. 가상 현실(VR) 기술을 이용해서 투표 체험도 할 수 있대요.

독일에도 '연방정치교육원'이라는 비슷한 기관이 있어요. 여기에서는 어린이와 청소년을 위한 정치 교육 책자를 만들고, 온라인 게임도 제공해요. 정치인이 되어 나라를 운영해 보는 '민주주의 실험실'이라는 게임도 있어요. 재미있겠지요?

3. 대통령 선거 TV 토론

　대통령 선거 때 후보자들이 TV에 나와서 토론하는 걸 본 적 있나요? 후보자들의 토론회를 통해 우리는 후보자들이 내세우는 정책과 후보자들의 자질을 비교해 볼 수 있어요. 2022년 대선 때는 총 8번의 TV 토론이 열렸어요.

　미국에서는 이런 TV 토론이 더 활발해요. 미국의 TV 토론은 1960년부터 시작됐는데, 당시 토론을 잘한 케네디가 당선되기도 했어요. 요즘은 토론 중에 실시간으로 시청자들의 반응을 보여 줘서 마치 온라인 게임 방송을 보는 것 같답니다.

그것이 더 알고 싶다!

Q 우리나라는 지금까지 대통령 선거를 어떻게 했어요? 옛날에는 어떻게 뽑았는지 궁금해요!

A 좋은 질문이에요! 우리나라 대통령 선거의 역사를 간략하게 살펴볼까요?

① 제1공화국 시기(1948~1960)

1948년 5월 10일에 우리나라 최초로 민주적인 선거라 할 수 있는 국회 의원 선거가 있었어요. 그런데 초대 대통령은 국민이 직접 뽑은 게 아니라 국회에서 간접 선거로 뽑았어요. 그렇게 이승만이 초대 대통령이 되었지요. 이후 1952년 7월 4일부터는 국민이 직접 대통령을 뽑게 됐어요. 이때 이승만이 다시 대통령으로 뽑혔어요. 국민이 직접 뽑았다는 점에서 의미가 있었지만, 부정 선거가 의심됐어요. 1960년 3월 15일 선거 때는 더욱 심한 부정 선거가 있었어요. 그래서 4·19 혁명이 일어났고, 결국 이승만 대통령이 자리에서 물러나게 됐답니다.

② 제2공화국 시기(1960~1961)

4·19 혁명 후에는 대통령을 국회에서 뽑았어요. 실제 권한은 국무총리에게 있었지만, 이 시기는 너무 짧아서 제대로 평가하기가 어려워요.

③ 제3공화국 시기(1963~1972)

1963년부터 다시 국민이 직접 대통령을 뽑게 되었는데, 박정희가 대통령이 됐어요. 경제는 발전했지만, 대통령을 연달아 세 번 했기 때문에 장기 집권을 했다는 비판도 있지요.

④ 유신 체제 시기(1972~1979)

1972년부터는 통일주체국민회의라는 곳에서 대통령을 뽑았어요. 사실상 국민의 의사와는 상관없이 대통령을 뽑은 것과 마찬가지였어요. 민주주의가 크게 후퇴한 시기라고 볼 수 있어요.

⑤ 제5공화국 시기(1981~1988)

이 시기에도 국민이 직접 대통령을 뽑지 못했어요. 대통령 선거인단이라는 사람들이 대통령을 뽑았거든요. 국민들은 이 선거인단을 뽑는 선거에는 참여할 수 있었어요. 전두환이 대통령이 됐는데, 이때도 국민의 뜻과는 거리가 먼 선거였어요.

⑥ 제6공화국 이후(1988~현재)

1987년 6월 민주화 운동 덕분에 드디어 국민이 직접 대통령을 뽑는 제도가 다시 생겼어요. 이후로 5년에 한 번씩 대통령을 뽑게 되었지요. 1987년 12월 16일, 13년 만에 국민이 직접 대통령을 뽑는 선거가 열렸어요. 이때 노태우가 대통령이 됐어요. 그 뒤로 김영삼, 김대중, 노무현, 이명박, 박근혜, 문재인, 윤석열, 이재명 대통령이 차례로 선출됐어요. 각 정권마다 장단점이 있었지만, 적어도 국민이 직접 뽑았다는 점은 변함이 없었어요.

우리나라 대통령 선거의 역사를 보면 우여곡절이 참 많았어요. 그 결과, 지금의 직접 선거 제도를 갖게 됐지요. 이 과정에서 많은 사람들의 노력과 희생이 있었으니, 앞으로 여러분이 투표할 때 역사를 꼭 기억했으면 좋겠어요.

⑫ 정당이 뭐예요?

⑬ 시민 단체는 무얼 하나요?

⑭ SNS로 하는 정치 참여

4장

정치 참여, 어떻게 하지?

정당이 뭐예요?

정우는 학교가 끝나고 집으로 가는 길에 신기한 광경을 목격했어요. 트럭 위에 아저씨 한 분이 서서 마이크를 붙잡고 큰 소리로 열심히 말하고 있었어요.

"우리 정당이 집권하면 모든 국민이 행복해질 것입니다! 우리 정당은 일자리도 늘리고 복지도 확대해 나가겠습니다!"

아저씨 뒤로는 '일자리 확대! 복지 확대! 약속하겠습니다'라고 적힌 큰 현수막이 걸려 있었어요. 그 주위로 사람들이 모여 고개를 끄덕이며 귀 기울여 듣고 있었지요. 어떤 사람들은 박수를 치기도 하고 큰 소리로 응원하기도 했어요. 정우는 사람들이 왜 그렇게 모여 있는지 궁금했지만, 집에 늦을까 봐 서둘러 발걸음을 옮겼어요.

그날 저녁, 정우는 TV를 보다가 또다시 놀랐어요. 아까 낮에 본 아저씨가 뉴스에 나오고 있었거든요. 파란 옷을 입은 아저씨는 빨간 옷을 입은 사람과 서로 목소리를 높이며 다투었어요.

파란 옷을 입은 아저씨가 말했어요.

"지금 정부의 경제 정책은 완전히 실패했습니다! 서민들의 삶은 갈수록 힘들어지고 있어요!"

그러자 빨간 옷을 입은 사람이 반박했어요.

"무슨 말씀을 하시는 겁니까? 우리 정부의 정책 덕분에 경제가 좋아지고 있지 않습니까!"

정우는 영문을 몰라 엄마에게 물었어요.

"엄마, 아까 낮에 저 아저씨를 봤어요. 아저씨는 왜 저렇게 싸우는 거예요?"

엄마는 정우의 머리를 쓰다듬으며 설명해 주셨어요.

"저 사람들은 서로 다른 정당에 속해 있어. 각 정당은 본인들의 생각대로 나라를 이끌어가고 싶어 해서, 서로의 의견이 맞지 않거나 방향성이 다르면 부딪히기도 해."

엄마의 설명을 들은 정우는 정당이 무엇인지 더 자세히 알고 싶어졌어요.

 정당이란 무엇인가요?

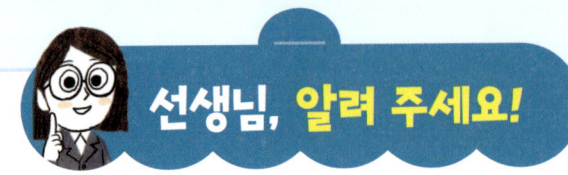

선생님, 알려 주세요!

정우 엄마가 설명해 주신 대로, 정치인이 되려는 사람들은 정당을 만들어서 활동해요(이것은 정치권 또는 국회에서 하는 좁은 의미의 정치를 말해요). **정당**이란, 비슷한 생각을 지닌 사람들이 모여서 만든 정치 단체예요. 함께 정당 활동을 하는 사람들은 중요하게 생각하는 원칙과 세상을 바라보는 방식이 보통 비슷해요.

정당은 왜 필요할까요? 첫째, 비슷한 생각을 지닌 사람들이 모여 함께 목소리를 내면 혼자보다 더 효과가 있기 때문이에요. 둘째, 사람들은 세상을 바라보는 관점이 서로 달라요. 어떤 사람들은 전통적 가치를 중요하게 생각하고(보수), 어떤 사람들은 변화와 개혁을 중요시해요(진보). 정당을 만들면 이런 다양한 생각들을 대표하고 정책으로 만들어 국민에게 선택받을 수가 있어요.

정당의 목표는 선거에서 이겨 정치권력(정권)을 잡는 거예요. 정권을 잡아서 본인들이 내세우는 원칙대로 나라를 이끌어가려고 해요. 정권을 잡은 정당은 여당이 되고 그렇지 못한 당은 야당이 돼요. 여당과 야당 모두 사회에 생기는 문제와 해결할 방법을 고민해야 하지만, 여당은 무조건 정부 편을 들고, 야당은 정부 정책을 비판하는 데에만 목소리를 높이는 경향이 있어요. 그러니까 정치가 마치 싸움만 하는 것처럼 보이는 거예요.

 **기억해요, 한 줄 정치 이야기!**

정당에는 여러 가지 특징이 있어요.

먼저, 정당은 비슷한 생각을 지닌 사람들이 모인 단체예요. 예를 들어, 환경을 중요하게 생각하는 사람들이 모여 '환경당'을 만들 수 있어요. 이런 공통된 생각은 정당의 정체성이 돼요.

그리고 정당은 조직을 갖추고 있어요. 마치 회사처럼 여러 부서가 있지요. 대표, 정책을 만드는 부서, 홍보를 담당하는 부서 등이 있어요. 조직 덕분에 정당이 체계적으로 운영될 수 있어요.

또한 정당은 구체적인 정책을 제시해요. 나라를 어떻게 이끌어 갈지 계획을 세우고 교육 정책, 경제 정책, 외교 정책 등 다양한 분야의 정책을 만든답니다. 정당의 가장 중요한 목표 중 하나는 선거에서 이기는 거예요. 그래서 좋은 후보를 뽑아 내세우고, 선거 운동도 열심히 해요.

마지막으로, 정당은 국민들의 의견을 듣고 반영하려고 노력해요. 여론 조사를 하거나 정책에 대한 토론회를 여는 등 공개적인 회의를 열어 국민들의 의견을 들어요. 요즘엔 SNS로 의견을 받기도 해요.

▼ 헌법 제8조
① 정당의 설립은 자유이며, 복수정당제는 보장된다.
② 정당은 그 목적·조직과 활동이 민주적이어야 하며, 국민의 정치적 의사형성에 참여하는 데 필요한 조직을 가져야 한다.

4 정치 참여, 어떻게 하지?

1. 해적당

2006년 스웨덴에서 시작된 '해적당'은 인터넷의 자유, 정부의 투명성 강화 그리고 디지털 시대에 맞는 새로운 법체계를 주장하는 정당이었어요. 이 정당은 특히 젊은 층의 지지를 많이 얻었어요. 주요 정책으로 저작권법 개혁, 특허법 폐지, 개인 정보 보호 강화를 내놓았어요. 처음에는 많은 사람들이 농담으로 여겼지만, 점점 지지를 받아 2014년 유럽의회 선거에서 의석도 얻었어요. 이후 독일, 체코 등 여러 나라에서도 해적당이 생겨 디지털 시대의 새로운 권리를 위해 목소리를 높이고 있답니다.

2. 코뿔소당

1963년에 생겨난 캐나다의 '코뿔소당'은 정치를 너무 심각하게 생각하지 말자는 뜻으로 시작됐어요. 코뿔소라는 이름은 기존 정치인들이 코뿔소처럼 두꺼운 피부를 지니고 앞을 잘 보지 못한다는 비유에서 왔어요. 이렇게 재미있는 이름을 붙여 딱딱한 정치를 풍자하고, 사람들에게 웃음을 주면서도 정치에 관심을 갖게 하려는 목적이었지요. '모든 국민에게 치즈를 제공하겠다', '중력을 폐지하겠다'와 같은 웃긴 공약으로 유명했어요. 재미있는 점은 이 당이 실제로 1980년 연방 선거에서 1.01%의 득표율을 얻었다는 사실이에요. 비록 의석은 얻지 못했지만, 당시 많은 사람들의 관심을 끌었답니다.

그것이 더 알고 싶다!

 텔레비전을 보면 정당끼리도 맨날 싸우던데 정당이 꼭 필요한가요? 정당이 그렇게 중요한지 잘 모르겠어요!

A 그런가요? 정당이 왜 중요한지 자세히 설명해 줄게요.

첫째, 정당은 국민의 목소리를 정부에 전하는 중요한 통로예요. 지역 사무소나 온라인 플랫폼을 통해 다양하게 모은 의견으로 정책을 만들어서 국회에 제출하거나 정부에 제안해요.

둘째, 정당에 가입하면 누구나 정치에 참여할 수 있는 당원이 돼요. 당원으로 활동하면서 정책을 제안하거나 선거 운동을 도울 수 있답니다.

셋째, 여러 정당이 서로 경쟁하면 더 좋은 정책이 나올 수 있어요. 예를 들어, 한 정당이 교육 정책을 내놓으면, 다른 정당은 전문가의 의견을 듣고 해외 사례를 연구하며 더 나은 교육 정책을 만들려고 노력해요.

넷째, 시민들이 정치를 배울 수 있도록 기회를 줘요. 정당은 당원들을 위한 교육 프로그램을 운영해요. 이를 통해 당원들은 정치 제도, 법안 만드는 과정, 선거 전략 등을 배울 수 있어요. 또, 일반 시민들을 위한 강연회나 세미나도 열어서 지금 우리 사회에서 중요하게 다루고 있는 정치 문제를 배우고 토론할 수 있어요.

위와 같이 정당은 우리의 의견을 모으고, 정치 참여의 기회를 주며, 좋은 정책을 만들어 내는 중요한 역할을 해요. 때로는 정당들이 다퉈서 안 좋은 모습을 보이기도 하지만, 그 과정에서 더 나은 해결책을 찾아가요.

시민 단체는 무얼 하나요?

 정희네 동네는 요즘 좀 시끄러워요. 구청에서 동네를 가로지르는 새로운 도로를 만들겠다고 발표했거든요. 이 소식에 주민들의 의견이 서로 갈라졌어요.

 찬성하는 사람들은 이렇게 주장했어요.

 "도로가 생기면 출퇴근 시간이 줄어들고 동네 발전에 도움이 될 겁니다."

 "맞아요. 게다가 시내랑 가까워져서 다니기 편리해질 거예요."

 반면 반대하는 사람들은 이렇게 주장했어요.

 "도로를 내기 위해서는 우리 동네의 자랑거리인 공원의 울창한 나무들을 베어내야 해요. 그리고 소음과 매연이 심해질 겁니다."

주민들은 서로 자기 생각만을 주장해서 좀처럼 이견이 좁혀지지 않았어요. 그러던 어느 날, '푸른숲지킴이'라는 단체가 이렇게 주장하며 나섰어요.

"도로 건설로 사라질 위기에 처한 나무들을 지켜야 합니다!"

이 단체 사람들은 나무에 리본을 묶고, 나무 앞에서 피켓 시위도 했어요. 주민들에게 공원의 중요성을 알리는 캠페인도 벌였지요.

"한 번 사라진 숲은 다시 되살리기 어려워요. 우리 아이들의 미래를 위해 숲을 지켜야 해요."

이 활동 덕분에 점점 더 많은 사람들이 공원과 나무의 중요성을 깨닫기 시작했어요. 정희는 이 단체가 적극적으로 나서는 모습을 보고 깊은 감명을 받았어요.

 시민 단체가 어떤 곳인지, 어떻게 이런 활동을 하는지 궁금해요!

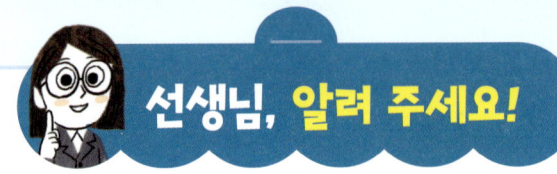

선생님, 알려 주세요!

    시민 단체의 활동에 관심을 갖는 건 정말 좋은 태도예요. 시민 단체가 어떤 일을 하는지 자세히 설명해 줄게요.

    시민 단체는 사회의 문제를 찾아내고 알리는 역할을 해요. 마치 사회의 문제를 찾아내는 '탐정' 같지요. 예를 들어, '플라스틱 탐정단'이라는 가상의 시민 단체가 있다고 생각해 보세요. 이 단체는 동네를 돌아다니며 플라스틱 쓰레기를 조사해요. 그러다 강에 플라스틱 쓰레기가 너무 많이 버려진다는 사실을 알아냈어요. 그 플라스틱 대부분이 근처 과자 공장에서 나온다는 것도 알아냈지요. 이렇게 시민 단체는 우리가 모르고 있던 문제를 찾아내서 모두에게 알려 주기도 해요.

    그리고 문제를 해결할 방법을 제안해요. 다시 플라스틱 탐정단을 예로 들면, 이 단체는 강에 함부로 버려지는 플라스틱 문제를 해결하기 위해 여러 가지 아이디어를 냈어요. 과자 공장에 재활용이 가능한 포장재를 사용하자고 제안했고, 동네 주민들과 함께 정기적으로 강 청소를 하자고 했어요.

    또, 재미있는 캠페인을 벌이기도 해요. 플라스틱 탐정단은 '플라스틱 없는 하루 살기' 캠페인을 열어, 참여하는 사람들이 하루 동안 플라스틱을 사용하지 않도록 했어요. 이렇게 재미있는 활동을 해서 사람들이 사회 문제에 관심을 갖도록 해요.

    정부가 제대로 일하고 있는지 감시하는 역할도 해요. 플라스틱 탐정단은 구청이 약속한 대로 플라스틱 줄이기 정책을 실천하고 있는지 계속 지켜보았어요. 한 달이 지나도록 변화가 없자, 구청에 항의 편지를 보내 따져 물었지요.

이런 감시 활동 때문에 정부는 약속을 더 잘 지키게 되고, 시민들의 의견을 귀 담아들을 수밖에 없어요.

마지막으로, 교육과 연구 활동도 해요. 마치 학교 선생님처럼 우리에게 중요한 정보를 알려 주기도 하고, 과학자처럼 문제의 원인을 깊이 연구하기도 해요. 플라스틱 탐정단은 동네 주민들을 위해 '플라스틱 줄이기 교실'도 열고, 강의 수질을 정기적으로 검사했어요.

이렇게 시민 단체의 활동 덕분에 사람들은 사회의 문제를 더 잘 이해하게 되고, 해결 방법도 더 잘 찾을 수 있게 돼요.

 **기억해요, 한 줄 정치 이야기!**

**시민 단체는 우리 사회가 더 나아질 수 있도록
시민들이 자발적으로 노력하는 단체예요!**

시민 단체는 시민들의 목소리를 대변하고 다양성을 존중해요. 마치 시민들의 대변인 같지요. 정부나 큰 회사들이 미처 듣지 못하는 작은 목소리들을 모아서 전달하는 역할을 해요. 또한 장애인, 노인, 아동, 여성 등 사회적 약자의 권리를 특별히 보호하기 위한 활동도 펼쳐요. 이를 통해 더 포용적이고 열린 사회를 만들 수 있어요.

그리고 사회를 변화시키는 동력이 돼요. 마치 사회를 움직이는 엔진 같아서, 우리 사회에 문제가 있을 때 시민 단체가 나서서 개선하려고 노력하지요. 환경 문제를 해결하기 위해 나무 심기 운동을 벌이거나, 일회용품 줄이기 캠페인을 하는 것처럼 말이에요. 이런 활동들이 우리 사회를 조금씩 바꿔나가는 동력이 돼요.

1. 환경운동연합

　환경운동연합의 주요 활동 중 하나는 '숲 지키기' 운동이에요. 2021년에는 '나무 한 그루 심기' 캠페인을 벌였어요. 전국에서 10만 그루의 나무를 심는 게 목표였지요. 또, 미세 먼지를 줄이기 위해 석탄 화력 발전소를 줄이고 재생 에너지를 늘리자는 캠페인을 벌이고 있어요. 학교를 찾아가 미세 먼지와 관련된 교육도 하고 있어요.

　또한 기후 위기에 대응하기 위해 노력해요. '2050년까지 탄소 배출 제로(0)'를 목표로 정부와 기업들에게 더 강력한 기후 위기 대책을 요구하고 있지요. 이 외에도 플라스틱 줄이기, 멸종 위기 동물 보호, 핵발전소 안전 감시 등 다양한 환경 문제에 대해 목소리를 내고 있어요.

2. 초록우산 어린이재단

초록우산 어린이재단은 1948년에 세워진 우리나라 최초의 아동 복지 전문 기관이에요. 이 단체의 목표는 '모든 아동이 행복한 세상'을 만드는 일이에요.

대표적인 활동으로 결식아동 돕기가 있어요. '한 끼 100원의 희망' 캠페인을 통해 끼니를 거르는 아이들에게 도시락을 제공해요. 전국에 아동 보호 전문 기관을 운영하면서 학대받는 아이들을 구조하고 보호하는 활동도 하고 있어요. 경제적으로 어려운 가정의 아이들에게 학용품을 지원하고, 멘토링 프로그램을 통해 공부를 도와주기도 한답니다.

우리나라뿐만 아니라 해외의 아동을 돕는 활동도 하고 있어요. 아프리카나 동남아시아의 어려운 아이들에게 깨끗한 물, 의료 서비스, 교육 기회 등을 제공하고 있지요. 덕분에 많은 아이들이 더 나은 삶을 살고 있어요.

3. 경제정의실천시민연합(경실련)

경제정의실천시민연합(경실련)은 1989년 7월 7일에 설립된 시민 단체예요. '정의롭고 민주적인 경제 사회를 만들자'는 목표를 지니고 있어요.

경실련은 집값이 너무 비싸지지 않도록 정부에 여러 가지 정책을 제안하기도 하고, 통신사들에게 통신 요금을 낮춰달라고 요구하는 운동도 해요. 또, 대기업들이 지나치게 큰 힘을 갖지 않고 공정하게 경쟁하도록 감시해요. 정부의 예산 사용도 감시해서 세금이 낭비되지는 않는지 지켜보고 있답니다.

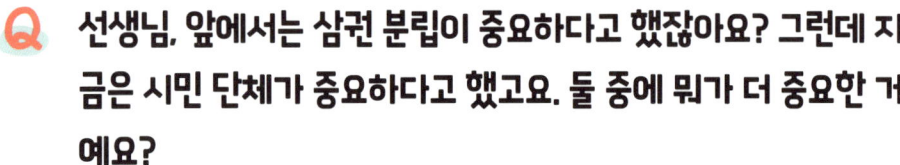

Q 선생님, 앞에서는 삼권 분립이 중요하다고 했잖아요? 그런데 지금은 시민 단체가 중요하다고 했고요. 둘 중에 뭐가 더 중요한 거예요?

A 사실 삼권 분립과 시민 단체 활동 모두 매우 중요해요!

우선, 삼권 분립이 중요한 이유는 견제와 균형이 깨져서 권력이 한곳에 집중되면 정치가 잘못된 방향으로 흘러갈 수 있기 때문이에요.

하지만 시민 단체의 역할도 정말 중요해요. 시민 단체는 우리 모두의 행복을 먼저 생각하는 시민들의 뜻을 모아 국가의 정책에 반영시키기 위해 노력하니까요. 경제 민주화를 실천하기 위해, 교육 문제를 해결하기 위해, 환경을 보호하기 위해 다양한 활동을 펼쳐나가고 있어요.

또, 시민 단체 활동은 민주주의를 배우는 좋은 기회가 될 수 있어요. 시민 단체 활동에 참여하면서 우리는 다른 사람들과 소통하는 법, 문제를 해결하는 방법 그리고 우리 사회를 더 좋게 만드는 방법을 배울 수 있으니까요.

그러니 삼권 분립과 시민 단체 활동은 둘 다 중요해요. 삼권 분립은 국가 권력이 한쪽으로 치우치지 않도록 견제하고 균형을 이루는 역할을, 시민 단체는 정부 밖에서 시민들의 목소리를 대변하며 정부를 감시하는 역할을 해요. 이 둘이 잘 어우러질 때 우리 사회가 더욱 건강하게 발전할 수 있을 거예요.

국민과 시민의 차이는?

오늘날에는 사회의 구성원 모두를 가리켜 시민이라고 말해요.

국민이 어느 국가에 속하는 사람을 말한다면, 시민은 조금 더 포괄적인 개념이에요. 여기서 시민은 서울 시민처럼 특정한 곳에 살고 있는 사람만을 뜻하는 것은 아니에요. 시, 군, 구, 읍, 면, 동을 구분하지 않고 어디에 살고 있든지 우리 모두가 시민이라는 뜻이에요. 우리가 사는 지구와 연결해서 '지구촌 시민'이라는 말도 사용해요.

그렇다면 시민은 누구일까요? 시민은 각자의 자유와 권리를 누리면서 의무를 다하고, 자신의 생활과 관련된 정책을 결정하는 과정에 참여하며 책임 있게 행동하는 사람을 말해요. 구성원들의 의견을 무시하고 힘센 누군가가 일방적으로 결정을 내린다면, 그것은 민주주의라고 할 수 없겠지요? 따라서 시민은 사회 속에서 생기는 여러 가지 문제를 합리적으로 해결하고, 자신들의 권리를 보장받기 위해 스스로 노력해야 한다는 것을 깨닫고 실천하는 사람이라고 할 수 있어요. 이렇게 시민들이 만들어 가는 자유롭고 평등한 삶의 영역을 '시민 사회'라고 불러요.

시민은 인간이 존엄한 존재로 존중받고, 삶의 질이 높아지며, 정의로운 공동체가 구현되는 세상을 추구해요. 각 나라마다 시민들이 추구하는 가치나 방향은 다를 수 있겠지만, '지구는 하나'라는 생각으로 서로 협력하려는 노력이 꼭 필요해요.

14 SNS로 하는 정치 참여

하율이는 학교가 끝나고 집에 와서 SNS에 접속했어요. 그러자 요즈음 가장 좋아하는 배우가 '#플라스틱_줄이기' 해시태그를 달아 올린 챌린지 게시물이 제일 먼저 눈에 띄었어요. 들어가 보니, 많은 사람들이 플라스틱 줄이기를 실천하는 인증샷을 올렸어요. 누군가는 대나무 칫솔을 쓴 다음에 후기를 올렸고, 누군가는 알록달록 멋진 천 장바구니를 자랑했어요. 가장 많이 보인 것은 다양한 모양의 예쁜 텀블러였어요. 하율이는 문득 책상 위에 널브러진 플라스틱 물병과 과자 봉지를 보고 '나도 지구를 위해 무언가 해야겠다!'라는 생각이 들었어요.

다음 날, 하율이는 용돈을 모아 산 예쁜 텀블러를 들고 학교에 갔어요. 친구들이 텀블러에 관심을 보이자, 하율이는 '#플라스틱_줄이기' 챌린지를 설명해 주었어요.

그렇게 며칠이 지나고, 하율이네 반 친구들이 텀블러를 가지고 다니기 시작했어요. 하율이도 해시태그에 동참하고 싶어서 친구들과 함께 인증샷을 찍어 SNS에 올렸어요. 사람들이 '좋아요'를 많이 눌러주는 것을 보면서 하율이는 마음이 뿌듯했어요.

놀랍게도 이 챌린지는 빠르게 퍼져나갔어요. 유명 연예인들도 계속 참여했고, 심지어 국회의원들도 동참했어요. 뉴스에서도 이 챌린지를 소개했지요.

한 달 뒤에는 시장님이 직접 찾아와 칭찬하기도 하고, 플라스틱 사용을 줄이기 위한 새로운 정책도 발표했어요. 이 모습을 보면서 하율이는 작은 행동이 큰 변화를 만들 수 있다는 걸 깨달았어요. 그래서 지금도 장바구니를 들고 다니거나 손수건을 사용하는 등 플라스틱 줄이기를 실천하고 있어요.

 SNS에 글을 올리는 것도
정치에 참여하는 방법이 될 수 있나요?

선생님, 알려 주세요!

그럼요! SNS에 글을 올리는 것도 정치에 참여하는 한 방법이랍니다! **SNS**란, 소셜 네트워크 서비스(Social Network Service)의 줄임말로, 사람들이 인터넷으로 관계를 맺고 소통하는 서비스를 말해요. 페이스북, 인스타그램, X(구 트위터) 등이 SNS에 속해요.

그럼 SNS로 어떻게 정치에 참여할 수 있을까요?

첫째, 정보를 공유해 보세요. 예를 들어, 학교에서 온실가스 배출과 환경 위기에 대해 배웠다면, 이 내용을 정리해서 SNS에 올려 보세요. 또는 학교에서 하고 있는 캠페인을 SNS에 소개하면 다른 학교 친구들도 관심을 갖고 참여할 수 있겠지요?

둘째, 의견을 표현해 보세요. 학교에서 일어나는 문제에 관한 자기 생각을 SNS에 써 보는 거예요. 글을 쓸 때는 어려운 단어보다 쉬운 말로 설명하고, 필요하다면 그림이나 사진을 함께 올리는 것도 좋은 방법이에요.

셋째, 온라인 청원에 참여할 수 있어요. 예를 들어, 학교 근처에 횡단보도를 만들어 달라는 청원에 서명해도 좋아요. 참, 서명 운동에 참여할 때는 부모님께 먼저 허락을 받는 게 좋아요. 개인 정보 보호가 중요하거든요. 또한 청원의 내용을 꼼꼼히 읽고 이해한 다음에 서명해야 해요. 무작정 서명하지 말고, 친구들이나 가족들과 함께 토론해 보는 게 좋아요.

넷째, 캠페인에 참여할 수 있어요. SNS에서 열리는 캠페인에 적극적으로 참여하는 거예요. 마치 하율이가 해시태그 캠페인에 참여했던 것처럼 말이지요. 친구들을 캠페인에 초대해서 함께 실천하는 것도 좋은 방법이에요.

 **기억해요, 한 줄 정치 이야기!**

누구나 SNS를 통해 정치에 참여할 수 있지만,
신중하고 현명하게 행동해야 해요.

SNS로 정치에 참여할 때 주의할 점을 몇 가지 알려 줄게요.

첫 번째, 예의를 지켜야 해요. 정치적 의견을 나눌 때, 다른 사람의 정치적 견해를 존중하는 태도가 필요해요. "너의 생각은 완전히 틀렸어!"라고 하는 대신에 "나는 조금 다르게 생각해."라고 정중하게 자신의 의견을 말하는 게 좋아요.

두 번째, 균형 잡힌 시각을 지녀야 해요. 정치 문제와 관련해 다양한 의견을 들어봐야 해요. 내 생각과 다른 의견에도 귀 기울여 보세요.

세 번째, 책임감 있게 행동해야 해요. 정치적 의견을 SNS에 올릴 때는 신중해야 해요. 과도하게 비난하거나 공격적인 언어를 사용하면 안 돼요. 건설적인 의견을 제시하세요.

마지막으로, 개인 정보를 보호해야 해요. SNS에 글을 쓸 때 집 주소와 같은 자신의 개인 정보를 노출하진 않았는지 다시 한번 확인해 보세요.

SNS를 통한 정치 참여도 실제 정치 활동만큼 중요해요. '그냥 SNS일 뿐이야'라고 생각하지 말고, 항상 신중하고 현명하게 행동해야 한답니다.

1. 아이스버킷 챌린지

2014년 여름, 빌 게이츠와 마크 저커버그 같은 세계적인 기업인부터 레이디 가가와 저스틴 비버 같은 유명 가수들이 얼음물을 머리에 붓고, 그 모습을 영상으로 찍어서 SNS에 올렸어요. 근육이 점점 마비되는 희귀 질병인 '루게릭병'에 대한 관심을 높이고 연구 후원금을 모으기 위한 아이스버킷 챌린지였어요.

다른 유명인들도 많이 참여했는데, 결과는 정말 놀라웠어요. 약 2억 2천만 달러(약 2,600억 원)의 후원금이 모였고 루게릭병 유전자를 발견하는 데 큰 도움이 됐어요. 재미있는 도전이 큰 변화를 이끌어 낸 거예요.

2. 미투 운동

　미투 운동(Me Too)은 2017년 10월에 일어난 할리우드 영화 제작자의 성폭력 사건을 계기로 시작됐어요. 처음에는 할리우드 배우들이 직접 겪은 성폭력 경험을 SNS에 공유했어요. 이때 '나도 당했다'라는 뜻으로 #MeToo 해시태그를 사용했어요. 이후 전 세계로 퍼져나가 많은 사람들이 자신의 경험을 용기 내어 말했어요.

　곧, 단순히 SNS에서 그치지 않고 현실 세계의 변화로 이어졌어요. 많은 나라에서 성폭력과 관련된 법률이 강화됐고, 직장 내 성희롱 예방 교육이 늘어났어요.

　미투 운동은 성폭력이 개인의 문제가 아니라 사회의 문제라는 인식을 퍼뜨리는 데 큰 역할을 했어요. 그리고 피해자들이 더 이상 혼자가 아니라는 것을 느끼게 해준 중요한 운동이었답니다.

3. 아랍의 봄

'아랍의 봄'은 2010년 12월부터 2012년까지 북아프리카와 중동 지역에서 일어난 민주화 운동이에요. 부패한 정부와 심한 빈부격차 때문에 일어났지요. 이 운동에서도 SNS가 아주 중요한 역할을 했어요.

튀니지에서 시작된 이 운동은 페이스북, 트위터 같은 SNS를 통해 빠르게 퍼져나갔어요. 시위 장소와 시간을 공유하고, 현장 상황을 실시간으로 알리는 데 SNS가 사용됐어요. 특히 이집트에서는 정부가 인터넷을 차단했을 때, 시위대가 구글과 트위터의 도움을 받아 음성 메시지로 트윗을 올리는 방법을 찾아냈어요. 이런 창의적인 방법으로 자신들의 목소리를 세계에 전할 수 있었어요.

아랍의 봄은 SNS가 정치적 변화를 이끌어 내는 강력한 도구가 될 수 있다는 하나의 사례를 보여 주었어요. 물론 SNS만으로 모든 문제가 해결되지는 않았지만, 사람들의 목소리를 모으고 전 세계에 알리는 데 큰 역할을 했어요.

그것이 더 알고 싶다!

Q 저는 SNS에서 우리 학교 교장 선생님이 사실은 외계인이라는 글을 봤어요. 정말일까요?

A 재미있는 질문이네요! 그건 아마도 가짜 뉴스일 거예요. 가짜 뉴스란, 거짓 정보를 사실인 것처럼 꾸며 사람들에게 전하는 소식이에요. SNS에서는 이런 가짜 뉴스가 아주 빠르게 퍼질 수 있어요. 그래서 우리는 SNS에 떠도는 정보를 항상 조심스럽게 보아야 해요. 가짜 뉴스에 속아서도 안 되고, 그걸 다시 퍼뜨려서도 안 돼요.

가짜 뉴스는 때로 누군가를 나쁜 사람처럼 보이게 하려고 만들어지기도 해요. 이것을 **흑색선전**이라고 해요. 이런 가짜 뉴스가 널리 퍼지면, 사람들은 무엇이 진실인지 구분하기 어려워져요. 결국 사람들 사이의 갈등만 더 커질 수 있어요.

가짜 뉴스를 피하려면 어떻게 해야 할까요? 먼저, 뉴스의 출처를 항상 확인해요. 신뢰할 수 있는 곳에서 나온 정보인지 살펴보고, 너무 믿기 힘든 내용이라면 의심해 보세요. 다른 뉴스와 비교해 보는 자세도 필요해요. 여러 곳에서 비슷하게 이야기하는지 확인해야 해요. 부모님이나 선생님께 여쭈어봐도 좋아요.

무심코 가짜 뉴스를 퍼뜨리지 않도록 조심하고, 확실하지 않은 정보는 공유하지 않는 게 좋아요. 이렇게 우리 모두 더 건강한 SNS 환경을 만들어 가요!

15 인간은 왜 싸울까?

    - 전쟁과 평화

16 난민 친구를 도와줘요

17 지구를 위기에서 구하라!

    - 환경 정치

18 유엔은 무엇을 하나요?

세계 속의 정치

15 인간은 왜 싸울까? - 전쟁과 평화

오늘은 준우네 반에서 특별한 수업을 하기로 했어요. 선생님은 칠판에 아주 크게 '군대가 없는 나라 코스타리카'라고 적었어요.

 **선생님:** 얘들아, 오늘은 특별한 나라 이야기를 해볼 거야! 바로 코스타리카라는 나라인데, 이 나라는 1948년에 군대를 완전히 없앴어.

준우: 정말요? 그럼 전쟁이 나면 어떡해요?

 **선생님:** 좋은 질문이야 준우야! 코스타리카는 군대 대신 경찰의 힘을 강화했어.

도연: 그럼 군대에 쓰던 돈은 어떻게 했어요?

 **선생님:** 그 돈으로 학교도 더 많이 짓고, 열대 우림도 보호했지.

도연: 와, 대단해요!

 **선생님:** 맞아. 그래서 코스타리카는 중앙아메리카에서 교육 수준이 가장 높고, 자연환경이 가장 잘 보존된 나라가 되었단다.

하윤: 그런데 선생님, 다른 나라가 쳐들어오면 어떡해요?

(선생님) 코스타리카는 다른 나라가 침략하지 못하도록 국제법과 외교를 통해서 나라를 보호하고 있어. 또, 다른 나라와 좋은 관계를 유지하려 노력하고 있지.

우와, 정말 멋져요! 우리나라도 그렇게 할 수 있을까요?
(하윤)

(선생님) 음, 쉬운 일은 아니야. 모든 나라가 처한 상황이 다르니까. 하지만 노력해 볼 수는 있겠지?

  학생들은 깊은 생각에 잠겼어요. 우리나라가 처한 상황이 무엇인지 생각하는 친구들도 있었고, 코스타리카를 부러워하는 친구들도 있었어요. 군대가 없어도 괜찮은지 의심하는 친구들도 있었고요.

 군대 없는 세상이 정말 가능할까요?

선생님, 알려 주세요!

　아주 중요하고 어려운 질문을 던져 주었네요. 이 질문에 대답하기 위해서는 먼저 우리나라의 특별한 상황을 이해해야 해요. 우리나라는 분단국가예요. 남한과 북한으로 나뉘어 있고, 휴전선을 사이에 두고 대한민국 국군과 북한군이 서로 대치하고 있어요.

　세계를 둘러보면 평화로운 곳만 있는 건 아니에요. 국제 사회는 수많은 국가가 자기 나라의 이익을 위해 경쟁해요. 마치 운동장에서 여러 팀이 경기를 하는 것처럼, 여러 국가들이 다양하고 복잡한 문제로 서로 부딪히지요. 안타깝게도 이런 경쟁 속에서 평화보다는 전쟁이 더 자주 일어났어요. 세계 역사를 살펴보면 전쟁이 없었던 시기가 없었을 정도로요. 최근에는 대규모 전쟁이 많이 줄었지만, 2021년을 기준으로 전 세계에서 32개의 전쟁이 벌어지고 있어요. 이 때문에 매년 수만 명의 사람들이 목숨을 잃고 있어요. 2022년 2월에 시작된 러시아의 우크라이나 침공 또한 큰 충격을 주었어요. 이것만 보아도 여전히 전쟁이 일어나고 있다는 사실을 잘 알 수 있지요.

　상황이 이렇다 보니 군대 없는 세상을 이루기는 정말 어려운 일이에요. 그렇다고 해서 포기할 수는 없어요. 우리는 평화로운 세상을 만들기 위해 계속 노력해야 해요. 당장은 군대가 필요할지 모르지만, 언젠가는 모든 나라가 서로 이해하고 협력하는 날이 올 수도 있을 겁니다. 그때까지 우리 모두 평화의 소중함을 잊지 말고, 작은 일에서부터 평화를 실천해 나가는 게 중요해요.

 **기억해요, 한 줄 정치 이야기!**

전쟁은 이 세상에서 가장 큰 비극이에요.

이런 비극적인 일은 왜 일어나는 걸까요?

첫째, 영토를 차지하기 위해서예요. 땅을 더 갖기 위해 또는 빼앗기지 않기 위해 서로 싸우지요. 왜 땅을 더 갖고 싶어 할까요? 땅이 넓으면 그만큼 더 많은 자원을 얻을 수 있고, 더 많은 사람들이 살 수 있기 때문이에요.

둘째, 자원 확보를 위해서 전쟁이 일어나요. 자원이란, 우리 생활에 필요한 물건을 만드는 재료예요. 자동차를 움직이는 데 필요한 기름, 전기를 만드는 데 필요한 석탄, 휴대폰을 만드는 데 필요한 광물……. 이 모든 게 자원이지요. 특히 석유와 같은 자원이 많은 곳을 차지하려고 중동 지역에서 전쟁이 자주 일어났어요.

셋째, 이념 갈등 때문이에요. 이념이란, 사람들이 세상을 바라보는 방식이나 생각이에요. 이념 갈등은 이런 생각의 차이 때문에 일어나는 다툼을 말해요. 20세기에 미국을 중심으로 한 자본주의 진영과 소련을 중심으로 한 공산주의 진영이 서로 싸웠던 게 대표적인 이념 갈등이었어요.

넷째, 권력을 차지하기 위해서예요. 권력은 다른 사람이나 나라를 통제할 수 있는 힘이에요. 국가 간의 권력 다툼은 주로 어떤 나라가 더 강한 나라인지, 누가 다른 나라들을 이끌어갈지를 놓고 일어나요. 지금은 미국과 중국이 세계 1위 국가의 자리를 두고 치열하게 경쟁하고 있어요. 권력 다툼은 한 나라 안에서도 일어날 수 있어요. 정치인들이 대통령이나 총리 자리를 차지하기 위해 경쟁하는 것도 일종의 권력 다툼이라고 볼 수 있어요. 때로는 이런 권력 다툼이 전쟁으로 이어지기도 해요.

다섯째, 경제적 이익 때문이에요. 다른 나라의 시장을 차지하거나, 노동력 또는 기술을 빼앗으려고 전쟁을 벌이기도 해요. 때로는 전쟁 자체로 돈벌이가 되기도 하고요. 무기를 만들어 파는 회사들은 전쟁이 일어나면 이익을 볼 수 있거든요. 하지만 전쟁으로 인한 피해가 너무 크기에 요즘에는 평화로운 방법으로 경제 협력을 하려고 노력하고 있어요.

참고해요, 실제 사례!

1. 제2차 세계대전(1939~1945)

제2차 세계대전은 역사상 가장 큰 규모의 전쟁이었어요. 히틀러가 이끄는 나치 독일이 여러 다른 나라를 침략하면서 전쟁이 시작됐어요. 독일, 이탈리아, 일본을 중심으로 한 '추축국'과 미국, 영국, 소련을 중심으로 한 '연합국'이 싸웠어요. 전 세계 대부분의 나라가 이 전쟁에 참여했지요.

이 전쟁에는 여러 가지 원인이 있었어요. 나치 독일의 영토를 넓히고자 하는 욕심, 유대인에 대한 인종 차별, 독재 정권을 하고자 하는 야망 등이 그 이유였지요. 이 전쟁으로 6천만 명 이상의 사람들이 목숨을 잃었는데, 그중에는 군인뿐만 아니라 수많은 민간인도 있었어요. 특히 나치가 저지른 유대인 학살은 인류 역사상 가장 끔찍한 사건으로 남아 있어요.

전쟁이 끝나고 나서는 세계 지도가 크게 바뀌고, 국제 연합(UN)이 만들어졌어요. 제2차 세계대전은 우리에게 평화의 중요성과 전쟁의 무서움을 일깨워 주었답니다.

2. 테러와의 전쟁

2001년 9월 11일, 끔찍한 일이 일어났어요. 테러리스트들이 비행기를 납치해 미국의 세계무역센터인 쌍둥이 빌딩과 국방부 건물을 공격했어요. 이 사건으로 3천 명 가까운 사람들이 목숨을 잃었어요. 미국은 큰 충격에 빠졌고, 곧바로 '테러와의 전쟁'을 선언했어요. 테러 조직을 없애겠다며 아프가니스탄과 이라크 등을 침공했지요. 그런데 이 전쟁은 예상보다 훨씬 오래 이어져서 20년 넘는 시간 동안 많은 군인과 민간인들이 다치거나 목숨을 잃었어요.

테러라는 새로운 형태의 전쟁이 얼마나 무서운지, 폭력에 폭력으로 대응하는 게 얼마나 위험한지 잘 알 수 있겠지요!

3. 이스라엘-팔레스타인 분쟁(1948~현재)

이스라엘과 팔레스타인의 갈등은 지금도 계속되는 현재진행형 분쟁이에요. 이 갈등은 하나의 지역을 두고 두 민족이 서로 자기 땅이라고 주장하면서 시작됐어요.

1948년, 이스라엘이라는 나라가 세워지면서 본격적인 분쟁이 시작됐어요. 이스라엘 사람들은 오래전부터 그곳이 자기들의 고향이라고 믿었고, 팔레스타인 사람들은 자신들이 계속 살아온 땅이라고 주장했어요. 이 분쟁의 원인은 단순히 땅 문제에만 있는 것은 아니에요. 종교(유대교와 이슬람교), 난민 문제 등 여러 가지 복잡한 이유가 얽혀 있어요.

지금까지 여러 번의 전쟁과 평화 협상이 있었지만 아직도 완전히 해결되지는 못했어요. 지금도 폭력 사태가 일어나고 있지요. 2021년에는 이스라엘과 팔레스타인의 무장 단체 '하마스' 사이에 큰 충돌이 일어나, 이 과정에서 많은 민간인들이 다쳤고 여전히 많은 팔레스타인 사람들이 난민 캠프에서 살고 있어요.

이 사례는 오랜 역사적, 종교적 갈등이 얼마나 해결하기 어려운지 보여 줘요. 또, 평화를 위해서 서로를 이해하고 존중하는 자세가 얼마나 중요한지도 깨닫게 해주지요. 국제 사회는 지금도 이 문제를 해결하기 위해 노력하고 있지만 아직 갈 길이 멀어 보이기만 하네요.

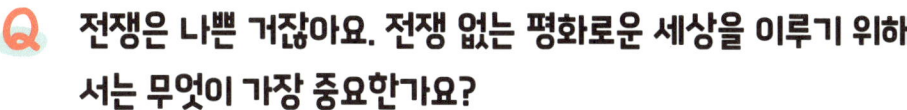

그것이 더 알고 싶다!

Q 전쟁은 나쁜 거잖아요. 전쟁 없는 평화로운 세상을 이루기 위해서는 무엇이 가장 중요한가요?

A 평화로운 세상을 만들기 위해서는 '마음'이 가장 중요해요! 우리의 마음속에 평화의 씨앗을 심는 게 바로 첫걸음이랍니다. 전쟁은 사실 인간의 마음속에서 시작되거든요. 미움, 질투, 욕심 같은 감정이 모여 전쟁의 불씨가 되지요. 평화로운 세상을 만들려면 먼저 이런 감정을 다스리는 법을 배워야 해요.

그리고 서로를 이해하고 존중하는 마음이 정말 중요해요. 나와 다르다고 해서 미워하거나 싸우면 전쟁이 일어날 수밖에 없을 거예요. 대화를 통해 서로를 이해하려고 노력해야 한답니다. 우리가 가족이나 친구들과 대화로 문제를 해결하듯이, 나라와 나라 사이의 갈등도 대화와 협력으로 풀어나가야 해요.

폭력에 익숙해지지 않도록 조심하는 마음가짐도 매우 중요해요. 요즘 많은 친구들이 전투 게임을 즐기는데, 게임 속 폭력은 괜찮다고 생각하면 절대 안 돼요. 전쟁은 게임처럼 재미있지도, 흥미롭지도 않으니까요.

'가장 나쁜 평화라도 가장 좋은 전쟁보다는 낫다'는 말이 있어요. 아무리 불완전한 평화라도 전쟁보다는 훨씬 더 가치 있다는 뜻이에요. 우리 모두가 이 말을 가슴에 새기고 일상에서 작은 평화를 꾸준히 실천한다면, 언젠가는 전쟁 없는 세상을 이룰 수 있을 거예요.

 난민 친구를 도와줘요

여름 방학을 맞이한 원준이는 TV로 올림픽 개막식을 지켜보고 있었어요. 선수들이 자기 나라 국기를 들고 입장하는 모습이 정말 멋져 보였지요. 그런데 못 보던 깃발을 든 선수들이 눈에 띄었어요.

"엄마, 저 깃발을 든 선수들은 어느 나라 사람이에요?"

"저 사람들은 난민 선수단이란다. 살던 나라에 전쟁이 일어났거나, 정부나 다른 집단으로부터 심하게 괴롭힘을 당해서 자기 나라를 떠날 수밖에 없었던 사람들이지. 나라를 대표해서 나올 수 없는 선수들이 모여서 만든 특별한 팀이야."

원준이는 깜짝 놀랐어요.

"그럼 저 선수들은 나라가 없는 거예요?"

"그렇지는 않아. 다만 지금은 자기 나라로 돌아갈 수 없는 처지에 놓여 있을 뿐이지. 그래서 올림픽 위원회가 저 선수들에게도 기회를 주기로 한 거야."

며칠 뒤, 원준이는 엄마와 함께 〈더 스위머스(The Swimmers)〉라는 영화를 봤어요. 실제 있었던 이야기를 바탕으로 만든 영화였어요. 시리아 출신의 두 자매 이야기로, 전쟁으로 황폐해진 고향을 떠나 2016년 리우 올림픽을 향해 위험한 여정을 떠나는 내용을 담고 있었어요.

영화에서 자매는 목숨을 걸고 끔찍한 폭격과 위험한 바다를 건너 나라를 탈출했어요. 그 과정에서 강인한 마음과 뛰어난 수영 실력이 빛을 발했어요. 결국 자매 중 언니 '유스라'는 난민 선수단의 일원으로 올림픽에 출전해 100m 접영 예선을 통과했어요. 비록 메달은 따지 못했지만, 많은 사람들에게 희망과 용기를 주는 영웅이 되었어요.

영화를 본 원준이는 깊은 감동을 받았어요.

"정말 대단한 사람이네요. 저런 어려움을 이겨내고 올림픽에 나가다니!"

"그래, 우리에게 희망과 용기를 주는 사람이구나. 어려운 상황에서도 포기하지 않는 모습이 정말 대단하지?"

원준이는 고개를 끄덕였어요.

 우리가 난민들을 도울 수 있는 방법이 없을까요?

선생님, 알려 주세요!

　난민에 관심을 갖고 도울 수 있는 방법을 고민하는 원준이의 태도가 정말 멋지네요! 우리가 난민을 도울 수 있는 방법은 여러 가지가 있어요.

　우선, 이들의 상황을 똑바로 이해하는 게 중요해요. 난민이 어떤 어려움을 겪고 있는지, 왜 고향을 떠나야 했는지 알아보세요. 책이나 뉴스, 다큐멘터리를 통해 난민의 이야기를 들어볼 수 있어요.

　우리 주변에 난민이 있다면 따뜻하게 감싸주세요. 새로운 환경에 적응하느라 힘들어하는 난민 친구들에게 먼저 다가가 인사를 건네 보면 어떨까요? 학교에 난민 친구가 있다면 함께 놀면서 한국 문화나 언어를 가르쳐 주는 것도 좋겠어요.

　난민을 돕는 단체에 기부하는 방법도 있어요. 난민을 돕는 단체로는 유엔난민기구와 국내 난민 지원 단체들이 있어요. 용돈을 모아 기부할 수도, 가족들과 함께 정기적으로 기부할 수도 있어요. 미술, 음악, 스포츠 등 특기가 있다면 재능 기부도 추천해요.

　난민에 대한 잘못된 편견을 바로잡는 것도 중요해요. 주변 사람들에게 난민의 실제 상황을 알려 주고, 이들도 우리와 같은 소중한 사람이라는 걸 이야기해 주세요. SNS에 난민을 돕는 방법도 공유하면 좋아요.

 **기억해요, 한 줄 정치 이야기!**

**난민이란 전쟁, 박해, 자연재해 등이 발생해서
다른 나라로 피난 간 사람들을 말해요.**

어쩔 수 없이 정든 집과 고향 땅을 떠나 많은 어려움을 겪게 되지요. 어떤 어려움을 겪을까요?

첫째, 전쟁이나 폭력으로 생명의 위험을 느껴요. 그래서 안전한 곳을 찾아 위험한 여정을 떠날 수밖에 없어요. 때로는 밤중에 몰래 국경을 넘기도 하지요.

둘째, 주거 문제가 생겨요. 새로운 나라에 도착한 난민들은 보통 난민 캠프에서 생활해요. 난민 캠프는 텐트나 임시 건물로 지은 곳이라 제대로 된 집이라고 볼 수가 없어요. 도시에 사는 난민들도 있지만, 돈이 없어서 열악한 환경의 집에서 살아야 하는 난민도 많아요.

셋째, 새로운 나라에 도착하면 제일 먼저 부딪히는 문제가 바로 언어예요. 병원에 가서 의사에게 아픈 곳을 설명하기 어렵고, 가게에서 물건을 사는 것도 쉽지 않아요.

넷째, 제대로 공부할 수가 없어요. 난민 아이들은 학교가 파괴되거나, 전쟁 지역으로부터 도망치느라 학교를 그만두어야 하는 경우가 많아요. 새로운 나라에 도착해도 언어를 모르거나, 이전에 받은 교육 수준이 달라서 적응하기 어려워요.

참고해요, 실제 사례!

1. 유엔난민기구(UNHCR)

유엔난민기구는 전 세계 난민들을 돕는 국제기구예요. 정식 명칭은 '유엔 난민 고등판무관 사무소'라고 해요. 1950년에 설립되었고, 본부는 스위스 제네바에 있어요.

주요 임무는 난민들을 보호하고 지원하는 일이에요. 전쟁이나 심한 괴롭힘을 피해서 고향을 떠난 사람들에게 긴급 구호 활동을 펼치고 있어요. 음식, 깨끗한 물, 임시 주거지 같은 기본적인 생활필수품을 전달하고요.

또한 난민들의 권리를 지키는 활동도 중요하게 하고 있어요. 난민들이 안전하게 새로운 나라에 정착하는 과정을 지원하고, 차별받지 않도록 여러 나라와 협력하는 일도 해요. 본인들의 나라로 안전하게 돌아갈 환경이 만들어질 때까지 난민을 보호해 줘요.

난민 아이들을 위한 교육 기회를 마련하고, 의료 서비스도 받도록 힘써요. 그리고 직업 훈련 프로그램을 운영해서 난민들이 자립할 수 있는 힘을 키우도록 하고 있어요.

유엔난민기구는 130개 이상의 나라에서 활동하고 있는데, 2021년을 기준으로 약 8,200만 명의 난민과 강제 이주민을 돕고 있어요. 벌써 두 번이나 노벨 평화상을 받았답니다.

⑤ 여러 나라가 함께 만들어 국제적인 문제를 해결하려는 조직.

2. 말랄라 유사프자이

　말랄라 유사프자이는 파키스탄 출신의 난민 소녀예요. 교육받을 권리를 위해 꾸준히 노력한 공로를 인정받아서 2014년에 노벨 평화상도 받았어요.

　말랄라가 학교에 다닐 나이가 되었을 때, 당시 파키스탄을 손에 넣고 있던 '탈레반'이라는 테러 집단이 여자아이들은 학교에 가지 못하게 막았어요. 말을 듣지 않으면 가만두지 않겠다고 위협했지요. 당시 열한 살이던 소녀 말랄라는 이 사실을 영국 BBC 방송국의 블로그를 통해 세상에 널리 알리기 시작했어요.

　말랄라가 열다섯 살이 되던 2012년, 탈레반은 학교를 마치고 집으로 가던 말랄라에게 총을 쏴 보복했어요. 말랄라는 머리에 총을 맞아 영국으로 급히 옮겨져 수술을 받고 다행히 기적처럼 살아났어요.

　이렇게 죽음의 문턱을 넘어선 말랄라는 여자아이라면 누구나 교육받을 권리가 있다는 사실을 강조하며, 계속되는 협박에 굴복하지 않고 영국에서 꿋꿋하게 인권 운동을 펼쳤어요.

　유엔(UN)은 2013년에 말랄라의 생일인 7월 12일을 '말랄라의 날'로 지정했어요. 말랄라는 유엔 회의장에서 "한 명의 어린이가, 한 사람의 교사가, 한 권의 책이, 한 자루의 펜이 세상을 바꿀 수 있습니다."라고 강조했어요.

　한편, 말랄라는 이스라엘과의 전쟁으로 폐허가 된 팔레스타인에 학교를 다시 세우는 데 써 달라며 노벨 평화상 상금을 모두 기부했답니다.

3. 시리아 꼬마 쿠르디의 소리 없는 외침

　2015년 9월, 세계를 충격에 빠뜨린 한 장의 사진이 있어요. 바로, 3살짜리 시리아 난민 소년인 아일란 쿠르디의 사진이에요.

　쿠르디는 가족들과 함께 시리아에서 일어난 전쟁을 피해 유럽으로 가려고 했어요. 하지만 이들이 탄 작은 보트가 지중해에서 뒤집히는 사고가 났어요. 이 사고로 안타깝게도 쿠르디네 가족 대부분이 목숨을 잃었어요. 터키 보드룸의 해변에서 발견된 쿠르디의 모습은 전 세계 사람들의 마음을 아프게 했어요. 파란 반바지와 빨간 티셔츠를 입은 채 엎드려 있는 작은 몸. 마치 잠들어 있는 것처럼 보이지만, 사실은 그렇지 않았지요.

　이 사진은 난민들의 고통스러운 현실을 전 세계에 알리는 계기가 됐어요. 그리고 우리에게 중요한 교훈을 줬어요. 난민은 단순히 숫자나 통계가 아니라, 우리와 같은 소중한 생명이라는 것을 말이에요. 난민도 우리처럼 안전하게 살고 싶어 하는, 꿈과 희망을 품은 사람들이에요.

　이 사건 이후, 많은 사람들이 난민 문제의 심각성을 깨닫고 난민들을 돕기 위한 노력을 시작했어요. 난민 정책을 바꾸어 더 많은 난민을 받아들이고, 난민을 돕기 위한 프로그램도 많이 개발했어요. 하지만 아직도 전 세계에는 수많은 난민들이 위험한 상황에 처해 있어서 그들을 돕기 위해 더욱 더 노력해야 한답니다.

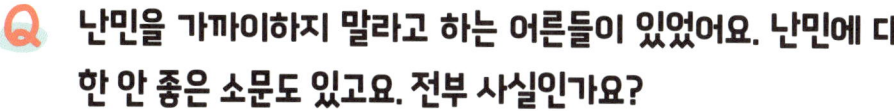

그것이 더 알고 싶다!

Q 난민을 가까이하지 말라고 하는 어른들이 있었어요. 난민에 대한 안 좋은 소문도 있고요. 전부 사실인가요?

A 정말 안타깝네요. 이렇게 난민들은 새로운 나라에서 종종 차별과 편견을 겪어요. 대부분 잘못된 정보나 편견에서 비롯돼요. 어떤 사람들은 난민들이 일자리를 빼앗는다고 생각해요. 또, 범죄율이 높아진다고 걱정하기도 해요. 하지만 대부분 사실이 아니에요. 오히려 난민이 경제와 문화에 긍정적인 영향을 준다는 연구도 많이 있어요.

차별 때문에 난민들은 집을 구하거나 직장을 얻는 데 어려움을 겪기도 해요. 때로는 길거리에서 욕설을 듣거나 폭력을 당하기도 하고요. 이런 차별과 편견은 난민들의 마음에 큰 상처를 남겨요. 또한 새로운 사회에 적응하기 어렵게 하지요.

난민도 우리와 똑같은 인간이며, 단지 어려운 상황에 처했을 뿐이라는 걸 기억하면 좋겠어요. 난민들의 이야기에 귀 기울여 보면 이들이 얼마나 큰 용기와 희망을 품고 있는지 알 수 있을 거예요.

==어려움에 처한 사람을 돕는 일은 민주주의 사회를 살아가는 우리 모두의 의무예요.== 난민에 대한 편견이나 차별을 보면, 용기 내어 그것이 잘못됐다고 말해주세요. 그렇게 우리 모두 더 나은 세상을 만들어 봅시다!

17 지구를 위기에서 구하라! - 환경 정치

지환이는 아빠와 TV를 보며 채널을 돌리다가 어른들이 모여 진지하게 회의하는 모습을 봤어요. 그 모습이 마치 히어로들의 작전 회의 모습 같았지요. 그래서 눈을 반짝이며 아빠에게 어른들이 무엇을 하고 있는 모습인지 물어봤어요.

아빠: 저건 유엔 기후 정상 회의를 하는 모습이야. 지구를 지키기 위한 중요한 회의지.

지환: 아하! 그럼 저 사람들이 지구를 구하는 슈퍼 히어로들이네요?

아빠: 음, 그렇게 볼 수도 있겠네!

이때, 텔레비전 속에서 한 사람이 말했어요.

TV 속 지도자: 시간이 얼마 안 남았습니다. 지금 당장 행동해야 합니다!

그러자 지환이가 벌떡 일어나 소리쳤어요.

지환: 어벤저스 팀, 출동!!!

아빠는 웃음을 터트리며 말했어요.

 아빠: 하하, 지환아, 네가 생각한 것처럼 재미있지는 않을 거야. 정말 중요한 일이거든.

 지환: 하지만 저도 지구를 구하는 슈퍼 히어로가 되고 싶어요. 어떻게 하면 돼요?

 아빠: 꼭 저렇게 높은 자리에 올라가지 않아도 우리 모두 작은 영웅이 될 수 있어. 쓰레기를 줄이고 에너지를 아끼는 것만으로도 지구를 구하는 데 도움이 되지.

 지환: 정말요? 그럼 저는 '에코맨'이 돼서 악당 '지구 온난화'를 물리칠 거예요!

 아빠: 좋아! 그럼 가장 먼저 안 쓰는 전등은 끄고 다니는 것부터 시작해 볼까?

 지환: 네! 에코맨, 출동! 먼저 우리 집 모든 가전제품의 콘센트부터 뽑겠습니다!

 아빠: 어, 잠깐! 그건 좀 다시 생각해 봐야 하지 않을까?

153

지환이의 지구를 지키는 '에코맨'이 되겠다는 마음가짐은 우리 모두가 본받아야 할 자세네요!

우리는 지금 기후 위기의 시대를 살고 있어요. **기후 위기**란, 지구의 기후 시스템이 급격하게 변하면서 인간과 자연에 심각한 위협을 주는 현상이에요.

기후 위기의 주된 원인은 바로 온실가스예요. 온실가스는 지구의 열을 가두는 역할을 해요. 이산화 탄소, 메테인 가스, 아산화질소 등이 대표적이지요. 온실가스는 인간의 활동으로 너무 많이 배출되고 있어요. 공장에서, 자동차에서, 심지어 가정에서 쓰는 전기를 만들 때도 이산화 탄소가 나온답니다.

온실가스가 늘어나면서 지구의 평균 기온이 올라가는데, 이것을 지구 온난화라고 불러요. 1, 2℃ 정도 올라가는 게 별거 아닌 것 같지만, 지구 전체로 보면 엄청난 변화예요. 사실 최근에는 과학자들이 '지구 온난화(Global Warming)'라는 말 대신 '지구 가열화(Global Heating)'라는 표현을 더 많이 쓰기 시작했어요. '온난화'는 따뜻하고 포근해지는 느낌이 들지만, 실제로는 지구가 위험할 정도로 뜨거워지고 있기 때문이에요.

지구가 뜨거워지면서 빙하가 녹아 해수면이 올라가고, 이상 기후가 생겨 홍수나 가뭄이 더 자주 일어나요. 또, 동식물들이 원래 살던 곳에서 살기 힘들어져 멸종 위기에 처하기도 해요. 우리 생활에도 큰 영향을 미쳐요. 농작물이 잘 자라지 않아 식량이 부족해질 수 있고, 해수면이 올라가서 해안가 도시들이 물에 잠길 수도 있어요.

기후 위기는 이미 시작되었어요. 지금 당장 실천해야 해요. 더 늦어지면 돌이킬 수 없는 상황이 닥칠지도 몰라요. 지구를 구하는 영웅이 되는 건 바로 지금, 여러분의 손에 달려 있어요!

 **기억해요, 한 줄 정치 이야기!**

지구를 지키는 일은 우리 모두의 책임이에요.

그래서 세계 여러 사람들이 환경 문제를 해결하기 위해 힘을 모으고 있어요. 정부, 기업, 시민들이 함께 해결책을 찾는 것을 '환경 정치'라고 해요.

환경 정치에는 다섯 가지의 주요 활동이 있어요.

① 국제 협약: 여러 나라들이 기후 위기를 해결하기 위해 함께 약속해요.

② 정부 정책: 정부가 재생 에너지 사용을 늘리고, 친환경 차량을 장려하는 등의 계획을 세워요.

③ 기업 활동: 많은 회사들이 탄소 중립을 위해 재활용 재료를 쓰고 에너지를 아끼는 데 공을 들이고 있어요.

④ 시민 참여: 일회용품 줄이기, 분리배출 잘하기, 대중교통 이용하기 같은 일상 속 작은 실천이 중요해요. 환경 단체 활동에 참여하는 것도 좋은 방법이에요.

⑤ 환경 교육: 어릴 때부터 환경의 중요성을 배우는 게 중요해서 학교에서도 환경 교육에 더 많은 관심을 기울이고 있어요.

1. 파리기후협정

  2015년 12월, 프랑스 파리에서 열린 유엔기후변화협약 당사국총회에서 **파리기후협정**을 채택했어요. 이 협정의 가장 중요한 목표는 지구의 평균 기온이 오르는 걸 막아서, 가능하면 높아지는 기온의 폭을 1.5°C 이하로 제한하는 것이었어요. 이를 위해 각 나라는 스스로 온실가스를 얼마나 줄일지 목표를 정하고 실천하기로 약속했어요. 5년마다 잘 실천하고 있는지 상황을 점검하고 목표를 다시 세우도록 했지요.

  하지만 세계 각국의 현재 계획으로는 1.5°C 목표를 달성하기 어렵다고 해요. 그러니까 더 많은 나라들의 강력한 기후 행동이 필요해요.

2. 탄소 중립

  탄소 중립(Carbon Neutrality)은 이산화 탄소를 배출한 만큼 다시 흡수해서 대기 중 이산화 탄소의 양을 늘리지 않도록 하는 일이에요. 많은 나라가 2050년까지 탄소 중립을 이루겠다고 약속했고, 우리나라도 2020년 10월에 동참을 선언했지요. 그래서 화석 연료의 사용을 줄이고 태양광, 풍력 같은 친환경 에너지 사용을 늘리는 등 다양한 정책을 추진하고 있어요. 탄소 중립을 한 번에 이루기는 어렵지만 우리나라를 비롯한 많은 나라들이 애쓰고 있으니, 앞으로 더 많은 변화가 일어나리라 믿고 있어요.

그것이 더 알고 싶다!

Q 환경 정치라는 말은 너무 거창해 보여요. 생활 속에서 우리가 실천할 수 있는 방법을 알려 주세요!

A 맞아요. 환경 정치라는 말이 어렵게 들릴 수 있어요. 하지만 걱정할 필요 없어요. 우리가 일상생활에서 할 수 있는 일들이 정말 많으니까요.

먼저, 에너지를 절약해요. 예를 들어, 사용하지 않는 전기 제품의 콘센트를 뽑아두세요. 콘센트는 꽂아두기만 해도 전력을 소모하니 뽑아두는 게 좋아요.

그리고 일회용품을 줄이며 친환경 제품을 사용해요. 개인 컵을 사용하면 종이컵이나 플라스틱 컵 사용을 줄일 수 있어요. 요즘은 개인 컵이나 텀블러를 가져가면 음료수 값을 깎아주는 카페도 많이 생겼어요. 친환경 제품이 조금 비쌀 수 있지만, 장기적으로 보면 환경에도 좋고 건강에도 좋답니다.

분리배출도 잘 해야 해요. 플라스틱, 종이, 유리, 캔 등은 꼭 따로 모아서 버려야 해요. 특히 플라스틱은 종류별로 다시 분류해야 하는데, 페트병은 라벨을 떼고 버리는 게 좋아요!

마지막으로 주변에 널리 알려 주세요. 무엇을 알리냐고요? 기후 위기의 심각성과 우리가 할 수 있는 일들을요. 예를 들어, 가족들과 함께 환경 다큐멘터리를 보거나 친구들과 환경 관련 책을 읽고 나서 이야기를 나눠볼 수 있어요.

우리 모두가 조금씩 관심을 기울이면, 지구를 위기에서 구하는 슈퍼히어로가 될 수 있을 거예요!

18 유엔은 무엇을 하나요?

현우는 아이돌 그룹 스타라이트의 리더, 지우를 너무나 좋아해요. 지우의 춤 동작 하나하나를 따라하고, 지우가 입은 옷과 비슷한 스타일로 옷을 골라 입을 정도예요. 심지어 지우가 좋아한다는 말만 듣고 브로콜리를 먹기 시작했답니다.

어느 날, 현우는 어김없이 스타라이트의 유튜브 채널을 찾아 들어갔어요. 그러자 새로운 영상이 올라와 있었어요.

"〈리더 지우, 유니세프 친선 대사가 되다〉? 유니세프 친선 대사가 뭐지?"

이야기는 많이 들어봤지만, 유니세프가 무엇인지 정확히 몰랐던 현우는 얼른 생성형 AI에게 "유니세프가 뭐야?"라고 물어봤어요. 그러자 이런 내용이 나왔어요.

 유니세프는 유엔이라는 국제기구에서 만든 단체로, 전 세계 어린이들의 건강, 교육, 평등을 위해 일해요. 전쟁이나 자연재해로 힘들어하는 어린이들에게 음식과 약을 지원하고, 가난한 나라 아이들이 학교에 다닐 수 있도록 도와주고 있어요. 유니세프의 친선 대사는 유니세프를 널리 알리고 돕는 역할을 한답니다.

현우는 눈을 크게 뜨고 그 내용을 읽고 또 읽었어요.

"와, 지우 형이 이렇게 멋진 일을 하게 되다니!"

이윽고 벅찬 마음으로 영상을 재생했어요. 영상에서 지우는 이렇게 말했어요.

"전 세계 어린이들이 행복하게 자랄 수 있도록 노력하겠습니다. 여러분도 유니세프와 함께 해주세요!"

현우는 가슴이 두근거렸어요. 지우처럼 자신도 어려운 어린이들을 도울 수 있을 것 같아서 정말 신났거든요. 그래서 저금통을 들고 엄마에게 쪼르르 달려갔어요.

(현우) 엄마, 저도 유니세프에 후원하고 싶어요! 제 용돈으로 할게요!

우리 현우가 웬일로 이렇게 기특한 생각을 다 했을까~? 근데 유니세프가 뭔지 알고 있니? (엄마)

(현우) 네! 유엔에서 만든 단체래요. 전 세계 어린이들을 돕는대요.

그러다 문득 현우는 궁금해졌어요.

 유엔은 무엇인가요?
유엔에서는 무슨 일을 하나요?

선생님, 알려 주세요!

아이돌 지우의 선한 영향력이 현우에게 닿았네요! 지우를 따라 어려운 어린이들을 돕고 싶다는 현우의 마음이 정말 아름다워요.

유엔은 여러 가지 중요한 일을 하고 있지만, 그중에서도 가장 핵심적인 임무로 '세계 평화 유지'를 꼽을 수 있어요. 전쟁이 일어나지 않도록 예방하고, 이미 전쟁이 일어난 곳에서는 평화를 되찾기 위해 노력해요. 또한 적대 관계에 있는 국가의 지도자들을 한자리에 모아 평화적으로 대화해 협상할 수 있도록 도와주기도 해요.

유엔이 하는 두 번째 일은 모든 사람의 인권을 보호하는 거예요. 1948년에 '세계 인권 선언'을 발표한 뒤로, 전 세계의 인권 상황을 감시하고 개선하기 위해 힘쓰고 있어요. 특히 난민, 아동, 여성, 장애인 등 취약 계층의 권리를 특별히 보호하기 위한 활동도 펼치고 있답니다.

세 번째 일은 국제 협력을 돕는 일이에요. 한 나라의 힘으로는 해결하기 어려운 문제들을 여러 나라가 힘을 모아 해결할 수 있도록 하지요. 예를 들어, 기후 위기 같은 전 지구적 문제를 해결하려 국제회의를 열기도 해요.

네 번째로, 전 세계의 빈곤 문제를 해결하기 위해 힘을 기울이고 있어요. 2030년까지 가난해서 먹고살기 힘든 사람들의 수를 줄이겠다는 목표도 세웠어요. 식량, 교육, 보건 의료 등 다양한 방면으로 빈곤층을 돕고 있어요.

다섯 번째, 지구 환경을 보호하는 활동을 해요. 기후 위기, 생물 다양성 손실, 해양 오염 등 수많은 환경 문제에 대응하고 있지요. '세계 환경의 날'(6월

5일)을 지정해 전 세계인의 환경 의식을 높이고 있어요. 이날 전 세계에서 다양한 환경 보호 활동을 펼친답니다.

 마지막으로, 유엔은 전 세계 사람들의 건강을 지키기 위해 전염병 예방과 퇴치에 힘쓰고, 의료 시설이 부족한 나라를 돕는 활동을 하고 있어요. 특히 코로나19바이러스가 유행할 때 전 세계에 경보를 발령하고 대응 지침을 제공했어요. 또한 백신을 공평하게 분배하기 위해 노력했지요. 에이즈, 말라리아, 결핵 같은 질병을 퇴치하기 위한 국제적인 노력도 이끌고 있어요. 이렇게 많은 사람들의 생명을 구하고 있어요.

유엔의 다양한 조직

유엔은 여러 조직을 통해 다양하게 활동해요.

유엔 안전보장이사회는 세계 평화를 위협하는 국가에 제재를 할 수 있어요. 예를 들어, 무기 거래를 금지하거나 경제적으로 조치를 취하는 등 평화를 깨는 행동을 막으려고 노력해요.

유엔 인권이사회(UNHRC)는 전 세계의 인권 상황을 점검하고, 인권 침해가 심각한 국가는 조사를 해요. 또, 인권 문제에 대한 국제적인 기준을 만들고 각 나라가 이를 지키도록 권고하지요.

유엔 세계식량계획(WFP)은 매년 수백만 명의 사람들에게 식량을 제공하고 있어요.

유엔환경계획(UNEP)은 전 세계의 환경 문제를 다루는 중요한 기구예요. 환경 문제를 연구하고, 각 나라의 정부에게 환경 보호 방법을 제안해요.

세계보건기구(WHO)는 전염병을 예방하거나 퇴치하고 의료 시설이 부족한 나라들을 돕는 등의 활동을 해요. 의료 시설이 부족한 나라에 의료 장비를 지원하고, 의사와 간호사들을 교육하기도 한답니다.

기억해요, 한 줄 정치 이야기!

유엔은 세계 평화와 모든 사람의 행복을 위해 힘쓰는 국제기구예요.

유엔의 역사와 활동을 좀 더 자세히 알아볼까요?

유엔은 1945년, 제2차 세계대전이 끝난 직후에 생겨났어요. 두 번의 세계대전을 겪은 인류는 더 이상 이런 비극이 반복되지 않기를 바랐기에, 세계 평화를 지킬 수 있는 강력한 국제기구가 필요하다고 생각했지요. 그래서 51개국이 모여 유엔을 만들었어요. 대한민국과 북한은 1991년 9월 17일에 가입했어요.

유엔은 지난 70여 년 동안 많은 성과를 이뤄냈어요. 세계 곳곳의 분쟁을 중재하고, 전염병을 퇴치하고, 빈곤을 줄이는 데 큰 역할을 했지요. 특히 1988년에는 유엔 평화유지군이 노벨 평화상을 받기도 했어요. 하지만 몇몇 나라들이 거부권을 행사해 중요한 결정을 막는 경우가 있고, 때로는 유엔이 강대국들의 이해관계에 따라 움직이는 모습을 보이기도 해요. 또, 유엔의 결정을 강제할 수 있는 힘이 부족하다는 지적도 있어요.

그럼에도 불구하고 유엔은 여전히 중요해요. 전 세계 193개국이 모여 대화하고 협력할 수 있는 유일한 국제기구이니까요. 기후 위기, 난민 문제, 테러 등 한 나라의 힘으로는 해결하기 어려운 문제를 고민하고 해결책을 찾아가고 있어요.

1. 유엔 평화유지군

유엔 평화유지군은 분쟁 지역에 파견되어 평화를 지키는 일을 해요. 파란색 모자나 헬멧을 쓰고 있어서 사람들이 '블루 헬멧'이라고도 부르기도 해요. 싸움을 말리거나, 선거가 공정하게 진행되는지 지켜보고, 어려움에 처한 사람들에게 음식과 의약품 같은 필요한 물건을 나눠주는 일도 해요. 1988년, 평화유지군의 활동이 세계 평화에 크게 기여했다는 점을 인정받아서 노벨 평화상을 받기도 했어요. 우리나라도 1993년부터 지금까지 평화유지 활동에 참여해서, 한국 군인과 경찰이 세계 여러 곳에서 활동하고 있답니다.

2. 지속가능발전목표(SDGs)

2015년 유엔에서 17가지 지속가능발전목표를 정했어요. 여기에는 2030년까지 이 목표를 모두 달성해서 더 나은 세상을 만들자는 뜻이 담겨 있어요. 빈곤 퇴치, 기아 종식, 건강과 복지, 양질의 교육, 성평등, 깨끗한 물과 위생, 깨끗한 에너지, 좋은 일자리와 경제 성장, 산업 혁신과 사회 기반 시설, 불평등 감소, 지속 가능한 도시와 공동체, 책임감 있는 소비와 생산, 기후 변화 대응, 해양 생태계 보존, 육상 생태계 보호, 평화와 정의 등을 달성하기 위해 우리나라를 포함해 많은 나라들이 다양한 정책과 계획을 실천하고 있어요.

그것이 더 알고 싶다!

Q 우리가 회의에 직접 참여할 수는 없잖아요. 혹시 우리가 직접 할 수 있는 일은 없을까요?

A 유엔이 멀게 느껴지는 마음 이해해요. 그렇지만 우리도 유엔의 정신을 충분히 실천할 수 있어요!

먼저, 유니세프처럼 유엔 관련 단체 활동에 참여해 볼까요? 유니세프에서 진행하는 '아프리카 아이들을 위한 저금통 모으기' 같은 캠페인이 있어요. 우리에게는 작은 동전이지만 모이면 큰 도움이 될 거예요.

현우처럼 용돈을 조금씩 모아 유니세프나 세계 기아 퇴치 단체에 기부하는 건 어떨까요? 학교에서 진행하는 희망 나눔 캠페인에 참여할 수도, 사용하지 않는 깨끗한 학용품과 장난감을 도움이 필요한 나라의 친구들에게 보낼 수도 있어요.

10월 24일 '유엔의 날'에는 세계 평화에 대해 생각해 보는 시간을 가져 보세요. 친구들과 평화 포스터를 만들어 SNS에 공유하는 활동도 의미 있을 거예요.

다른 나라에서 온 친구들과 사이좋게 지내거나, 쓰레기를 줄이고 분리배출하는 일도 유엔의 목표와 맞닿아 있어요.

뉴스나 인터넷 검색, 유튜브 교육 영상을 통해 다른 나라의 상황을 알아보고, 어떻게 도움이 될지 고민하는 것만으로도 훌륭한 세계 시민으로 성장하는 첫걸음이랍니다!

5 세계 속의 정치

나가며

우리가 꿈꾸는 미래 정치

민서는 '내가 꿈꾸는 미래와 나'라는 주제로 글짓기 숙제를 해야 해요. 처음에는 무엇을 써야 할지 몰라 막막했는데, 갑자기 재미있는 생각이 떠올랐어요. 그래서 앉은 자리에서 숙제를 뚝딱 해치웠지요.

다음 날, 선생님이 민서에게 숙제로 써온 글을 친구들 앞에서 읽어 보라고 했어요. 민서는 교실 앞으로 나가 자신 있게 글을 읽기 시작했어요.

"저는 슈퍼 히어로 '평화맨'이 될 거예요! 평화맨이 되면, 이 세상의 무기를 몽땅 사라지게 하는 초능력을 발휘할 거예요. 손가락을 딱! 튕기면 탱크도, 전투기도, 심지어는 물총도 전부 솜사탕으로 변해버리는 거죠! 무기가 모두 사라지면 전쟁을 할 수가 없잖아요? 그러면 모든 나라 사람들이 싸우는 대신 솜사탕 파티를 열 수 있을 거예요."

여기까지 읽자, 교실에서 킥킥 웃음소리가 터져 나왔어요. 민서는 아랑곳 없이 계속 읽어 나갔어요.

"그리고 저는 '평화 레이저빔'도 쏠 거예요. 싸움을 하는 사람들한테 이 빔을 쏘면 갑자기 서로 껴안고 싶어질 거예요. 싸우던 나라의 대통령들도 서로의 볼에 뽀뽀하면서 '우리 이제 친구 합시다!'하고 말하게 되는 거죠!"

이제 교실은 웃음바다가 되었어요. 선생님도 크게 웃음을 터트렸어요.

"마지막으로, 저는 '세계 평화 주스'를 만들어 모든 사람에게 나눠 줄 거예요. 이 주스를 마시면 서로의 마음을 읽을 수 있어요. 그러면 오해도 없어지고, 모두가 행복해질 거예요. 제 꿈은 이렇게 웃음과 사랑으로 가득 찬 세상을 만드는 거예요!"

글을 다 읽은 민서는 활짝 웃으며 "이상입니다!"라고 말했어요. 교실은 박수 소리로 가득 찼어요.

선생님은 사뭇 진지한 표정으로 말했어요.

"민서야, 정말 기발한 생각이구나. 전쟁 없는 세상을 만들고 싶은 네 마음이 참 예뻐. 비록 현실에서는 쉽게 전쟁을 없앨 수 없지만, 네가 꿈꾸는 것처럼 모든 사람이 평화를 원한다면 언젠가는 전쟁 없는 세상이 이루어질 수 있을 거야."

 평화로운 세상을 만들기 위해서는 어떻게 해야 하나요?

선생님, 알려 주세요!

전쟁 대신 달콤한 솜사탕 파티가 열리는 세상, 폭력 대신 평화가 이루어진 세상을 꿈꾸는 어린이라니! 정말 멋지고 대단한데요. 민서가 얘기한 것처럼 평화맨으로 변신할 수는 없어도, 평화로운 세상을 만들기 위해 노력할 수는 있어요.

어떻게 하냐고요? 바로 많은 사람들이 정치에 참여하는 거예요. 학급 회의나 학생회 활동에 적극적으로 참여해서 미리 연습해 보세요. 이런 경험이 모여 나중에 훌륭한 정치 참여로 이어질 수 있거든요. 정치를 투명하게 하는 것도 필요해요. 정부가 하는 일을 국민들이 더 쉽게 알 수 있어야 해요. 여러분도 학교나 나라에서 일어나는 일에 관심을 갖고, 궁금한 점은 선생님께 물어보는 습관을 들이면 좋겠어요.

다음은 세계 여러 나라가 더 긴밀하게 협력해야 해요. 여러분도 SNS를 통해 다른 나라 친구들과 소통하거나, 화상 대화로 외국 친구들과 교류하는 프로그램에 참여해 보면 어떨까요? 이런 경험들이 국제 협력의 밑바탕이 될 수 있답니다.

기술의 발전도 평화로운 세상을 만드는 데 큰 영향을 미쳐요. 기술이 발전하면 인공지능이나 빅데이터를 활용해 더 나은 정책을 생각해 낼 수 있을 거예요. 여러분도 새로운 기술에 관심을 갖고 공부해 보면 좋겠어요. 환경을 잘 지켜서 영토나 자원을 두고 싸우는 일이 줄어들 수 있도록 하는 것도 중요해요.

마지막으로, 모든 사람의 의견이 존중받는 사회를 만들어야 해요. 서로의 의견을 존중하다 보면 서로 부딪힐 일이 줄어들 거예요.

 **기억해요, 한 줄 정치 이야기!**

미래 정치는 모든 사람이 행복해지고 건강한 지구를 만드는 일이에요!

우리가 꿈꾸는 미래 정치는 모든 사람의 인권이 존중받는 사회를 이루는 것이에요. 나이, 성별, 인종, 국적에 상관없이 모두가 존엄한 인간으로 대우받고, 자기 잠재력을 마음껏 펼칠 수 있는 세상이지요.

또한 생활 속에서 민주주의가 실천되는 사회예요. 그저 선거 때 투표에 참여하는 것뿐만 아니라, 우리 주변의 작은 일부터 나라의 중요한 결정까지 시민들이 적극적으로 참여하고 의견을 내야 해요. 학교에서 친구들과 함께 학급 규칙을 정하고, 동네 문제를 주민들이 모여 해결하는 것처럼 말이에요.

그리고 국가의 이익보다는 지구촌 전체의 이익을 우선으로 생각하는 사회예요. 기후 위기, 전염병, 빈곤 같은 문제는 한 나라의 노력만으로는 해결하기 어려워요. 전 세계가 힘을 모아야 하는 일이에요.

이런 미래 정치를 실현하기 위해서는 우리 모두가 일상생활에서부터 노력해야 해요. 친구들의 의견에 귀를 기울이고, 가족들과 함께 중요한 결정을 내리고, 환경을 생각하며 생활하는 것부터 시작해요. 이런 작은 행동이 모여 더 나은 미래, 모두가 행복한 사회가 되고, 우리는 멋진 미래 정치를 실천할 수 있을 거예요!

참고해요, 실제 사례!

1. 토머스 모어가 꿈꾼 '유토피아'

토머스 모어는 1516년에 『유토피아』라는 책을 썼어요. **유토피아**는 '어디에도 없는 곳'이라는 뜻이에요. 모어는 이 책을 통해 당시 영국 사회의 문제점을 지적하고, 가장 좋은 세상은 어떤 모습일지 보여 주려고 했어요.

토머스 모어가 상상한 유토피아에서는 모든 사람이 똑같이 소중해요. 물건이나 음식을 다 같이 나눠 쓰기 때문에 부자와 가난한 사람의 차이가 없어요. 모든 사람이 하루에 6시간만 일하고, 자기가 믿고 싶은 신을 마음대로 믿을 수 있으며, 싸움이나 전쟁을 하지 않는 평화로운 곳이에요. 또 유토피아는 민주적인 방식으로 운영돼요. 각 가정에서 대표를 뽑고, 그 대표들이 모여서 지도자를 선출하지요. 지도자가 나쁜 일을 하면 언제든지 바꿀 수 있답니다.

이런 유토피아의 생각들은 미래 정치에 많은 도움을 주지만, 현실로 만들기는 어려워요. 모든 것을 완전히 똑같이 나누거나, 자기 물건을 하나도 갖지 않는 것은 실제로 힘든 일이거든요. 그래도 유토피아는 우리가 더 좋은 세상을 꿈꾸는 데 중요한 역할을 했어요.

유토피아처럼 멋진 세상을 상상해 보고, 그중에서 실제로 할 수 있는 일부터 하나씩 실천하면 우리가 바라는 더 좋은 세상을 만들 수 있지 않을까요?

2. 야누시 코르차크가 꿈꾼 세상

　야누시 코르차크는 100년 전쯤 폴란드에 살았던 의사이자 교사였어요. 그 시절에는 무척 새롭고 특별했던 '어린이의 권리를 존중하자'라는 생각을 널리 알린 인물이랍니다. 어린이를 '덜 자란 어른'이 아니라, 하나의 온전한 사람으로 대해야 한다고 믿었어요.

　코르차크는 바르샤바라는 도시에 고아원(요즘의 보육원)을 세웠어요. 그곳에서 특별한 교육 방법을 실천했지요. 이곳에서는 아이들이 직접 재판소를 열어 문제를 해결하고, 신문도 만들고, 자기들끼리 의회도 꾸렸어요. 이를 통해, 아이들은 책임감과 함께 결정하는 민주주의를 몸소 배웠어요. 재미있게도, 코르차크도 이 어린이 재판소에서 재판을 받았다고 해요!

　제2차 세계대전이 발생해서 나치가 폴란드를 차지했을 때, 코르차크는 자신이 돌보던 유대인 아이들과 끝까지 함께 하기로 했어요. 자신은 안전한 곳으로 도망갈 기회가 있었지만, 아이들과 함께 수용소로 가는 길을 선택했지요. 끝까지 아이들 곁을 지키며 자신의 믿음을 보여 주었어요. 이 모습은 많은 사람들의 마음을 감동시켰고, 어린이의 권리도 굉장히 소중하다는 것을 일깨워 주었답니다.

　코르차크처럼 우리도 어린이를 존중하는 마음이 필요해요. 학교에서부터 어린이가 직접 참여하고 결정하는 경험을 해보는 게 중요하지요. 그러면 어린이들도 더 좋은 세상을 만드는 일에 동참할 수 있을 거예요.

그것이 더 알고 싶다!

Q 선생님 설명을 들어 보니 평화를 해치는 전쟁은 정말 나쁜 것 같아요. 그런데도 왜 전쟁이 끊이지 않는 것일까요? 전쟁 없는 세상이 되려면 어떻게 해야 해요?

A 전쟁은 정말 끔찍해요. 그런데 우리는 일상에서 전쟁이라는 단어를 너무 쉽게 사용하는 것 같아요. '입시 전쟁', '사랑과 전쟁'처럼요. 심지어 게임 이름에서도 전쟁이란 단어를 자주 들을 수 있어요. 전쟁이라는 단어를 가볍게 쓰다 보면, 진짜 전쟁의 무서움을 잊어버리게 돼요. 전쟁은 단순한 게임이나 경쟁이 아니라 많은 사람들의 생명을 앗아가는 끔찍한 일이에요.

이렇게 무서운 전쟁은 무기만 없앤다고 해서 사라지지 않아요. 전쟁의 근본 원인은 사람들 마음속에 있는 미움, 질투, 욕심 같은 감정이에요. 이런 감정 때문에 사람들은 서로를 이해하려 하지 않고, 대화 대신 싸움을 선택하게 되거든요.

그렇다면 어떻게 해야 전쟁 없는 세상을 만들 수 있을까요? 내 생각만 옳다고 고집부리지 않고, 다른 사람의 입장에서 생각해 보는 이해와 존중의 자세가 필요해요. 이때 대화와 타협이 중요해요. 싸우는 대신에, 서로의 생각을 차분히 듣고 함께 해결책을 찾아가야 해요. 이것이 바로 민주주의의 기본 원칙이지요.

친구와 다퉜을 때 먼저 손을 내밀고, 가족들과 의견이 다를 때 대화로 해결하는 일부터 시작해 보면 어떨까요? 이런 작은 실천이 모이다 보면 전쟁 없는 평화로운 세상은 막연한 꿈이 아니라 구체적인 현실이 될 거예요!